BIBLIOTHÈQUE

DES

VOYAGES,

CONTENANT

LA RELATION DE TOUS LES VOYAGES INTÉRESSANS
ENTREPRIS DEPUIS 1400 JUSQU'A NOS JOURS.

TOME QUATORZIÈME.

PARIS,

FROMENT, RUE DAUPHINE, N. 24.
AUDIN, QUAI DES AUGUSTINS, N. 25.
LIBRAIRIE PARISIENNE, GALERIE VÉRO-DODAT.

1830.

IMPRIMERIE DE CH. DEZAUCHE,
Rue. Montmartre, N°. 4.

BIBLIOTHÈQUE

GÉNÉRALE

DES VOYAGES.

PREMIÈRE SÉRIE.

LA HARPE.

TOME XIV.

Se trouve aussi :

Chez Félix Locquin, Imprimeur ;
Papinot, Libraire, rue de Sorbonne, en
face l'Académie.

PARIS, IMPRIMERIE DE DEZAUCHE,
Rue du faubourg Montmartre, n° 4.

BIBLIOTHÈQUE

GÉNÉRALE

DES VOYAGES,

CONTENANT

LA RELATION DE TOUS LES VOYAGES INTÉRESSANS
ENTREPRIS DEPUIS 1400 JUSQU'A NOS JOURS.

TOME XIV.

Paris.

FROMENT, RUE-DAUPHINE, N° 24;
AUDIN, LIBRAIRE, QUAI DES AUGUSTINS, N° 25

1830.

HISTOIRE

GÉNÉRALE

DES VOYAGES.

SECONDE PARTIE.

ASIE.

LIVRE II.

CONTINENT DE L'INDE.

Suite du

CHAPITRE IX.

Indoustan.

Bernier fait un récit curieux du spectacle dont il fut témoin. Il se trouvait à Delhy pendant la fameuse éclipse de 1666 : « Il

XIV. 1

monta, dit-il, sur la terrasse de sa maison, qui était située sur les bords du Djemna; de là il vit les deux côtés de ce fleuve, dans l'étendue d'une lieue, couverts d'idolâtres qui étaient dans l'eau jusqu'à la ceinture, regardant le ciel pour se plonger, et se laver dans le moment où l'éclipse allait commencer. Les petits garçons et les petites filles étaient nus comme la main; les hommes l'étaient aussi, excepté qu'ils avaient une espèce d'écharpe bridée à l'entour des cuisses. Les femmes mariées et les filles qui ne passaient pas six à sept ans étaient couvertes d'un simple drap. Les personnes de condition, telles que les radjas, princes souverains gentous, qui sont ordinairement à la cour et au service de l'empereur; les sérafs ou changeurs, les banquiers, les joailliers et tous les riches marchands avaient traversé l'eau avec leurs familles; ils avaient dressé leurs tentes sur l'autre bord, et planté dans la rivière des kanates, qui sont une espèce de paravents, pour observer leurs cérémonies et se laver tranquillement sans être exposés à la vue de personne.

Aussitôt que le soleil eut commencé à s'éclipser, ils poussèrent un grand cri, et se plongeant dans l'eau, où ils demeurèrent cachés assez long-temps, ils se levèrent pour y demeurer debout, les yeux et les mains levés vers le soleil, prononçant leurs prières avec beaucoup de dévotion, prenant par intervalle de l'eau avec les mains, la jetant vers le soleil, inclinant la tête, remuant et tournant les bras et les mains, et continuant ainsi leurs immersions, leurs prières et leurs contorsions jusqu'à la fin de l'éclipse. Alors chacun ne pensa qu'à se retirer en jetant des pièces d'argent fort loin dans la rivière, et distribuant des aumônes aux bramines qui se présentaient en grand nombre. Bernier observa qu'en sortant de la rivière ils prirent tous des habits neufs qui les attendaient sur le sable, et que les plus dévots laissèrent leurs anciens habits pour les bramines. Cette éclipse, dit-il, fut célébrée de même dans l'Indus, dans le Gange et dans les autres fleuves des Indes ; mais surtout dans l'eau du Tanaïser, où plus de cent cinquante mille personnes se rassemblèrent de toutes les régions voisines, parce que ce jour-là son eau passe pour la plus sainte.

Les quatre-vingt-trois sectes des banians peuvent se réduire à quatre principales, qui comprennent toutes les autres : celles des *Ceuravaths*, des *Samaraths*, des *Bisnaos* et des *Gondjis*.

Les premiers ont tant d'exactitude à conserver les animaux, que leurs bramines se couvrent la bouche d'un linge dans la crainte qu'une mouche n'y entre, et portent chez eux un petit balai à la main pour écarter toutes sortes d'insectes. Ils ne s'asseyent point sans avoir nétoyé soigneusement la place qu'ils veulent occuper ; ils vont tête et pieds nus, avec un bâton à la main, par lequel ils se distinguent des autres castes ; ils ne font jamais de feu dans leurs maisons ; ils n'y allument pas même de chandelle ; ils ne boivent point d'eau froide, de peur d'y rencontrer des insectes. Leur habit est une pièce de toile qui leur pend depuis le nombril jusqu'aux genoux ; ils ne se couvrent le reste du corps que d'un petit morceau de drap, autant qu'on en peut faire d'une seule toison.

Leurs pagodes sont carrées, avec un toit plaît; elles ont, dans la partie orientale, une ouverture sous laquelle sont les chapelles de leurs idoles, bâties en forme pyramidale, avec des degrés qui portent plusieurs figures de bois, de pierre et de papier, représentant leurs parens morts, dont la vie a été remarquable par quelque bonheur extraordinaire. Leurs plus grandes dévotions se font au mois d'août, pendant lequel ils se mortifient par des pénitences fort austères. Mandelslo confirme ce qu'on a déjà rapporté sur d'autres témoignages, qu'il se trouve de ces idolâtres qui passent un mois ou six semaines sans autre nourriture que de l'eau, dans laquelle ils raclent d'un certain bois amer qui soutient leurs forces. Les ceuravaths brûlent les corps des personnes âgés; mais ils enterrent ceux des enfans. Leurs veuves ne se brûlent point avec leurs maris; elles renoncent seulement à se remarier. Tous ceux qui font profession de cette secte peuvent être admis à la prêtrise; on accorde même cet honneur aux femmes, lorsqu'elles ont passé l'âge de vingt-cinq ans;

mais les hommes y sont reçus dès leur septième année, c'est-à-dire qu'ils en prennent l'habit, qu'ils s'accoutument à mener une vie austère, et qu'ils s'engagent à la chasteté par un vœu. Dans le mariage même, l'un des deux époux a le pouvoir de se faire prêtre, et par cette résolution d'obliger l'autre au célibat pour le reste de ses jours. Quelques-uns font vœu de chasteté après le mariage; mais cet excès de zèle est rare. Dans les dogmes de cette secte, la Divinité n'est point un être infini qui préside aux événemens; tout ce qui arrive dépend de la bonne ou mauvaise fortune; ils ont un saint qu'ils nomment *Fiel-Tenck-Ser;* ils n'admettent ni enfer ni paradis; ce qui n'empêche point qu'ils ne croient l'âme immortelle; mais ils croient qu'en sortant du corps elle entre dans un autre, d'homme ou de bête, suivant le bien ou le mal qu'elle a fait, et qu'elle choisit toujours une femelle, qui la remet au monde pour vivre dans un autre corps. Tous les autres banians ont du mépris et de l'aversion pour les ceuravaths; ils ne veulent boire ni manger avec eux; ils n'entrent pas même dans leurs maisons, et s'ils avaient le malheur de les toucher, ils seraient obligés de se purifier par une pénitence publique.

La seconde secte ou caste, qui est celle des samaraths, est composée de toutes sortes de métiers, tels que les serruriers, les maréchaux, les charpentiers, les tailleurs, les cordonniers, les fourbisseurs, etc. Elle admet aussi des soldats, des écrivains et des officiers ; c'est par conséquent la plus nombreuse. Quoiqu'elle ait de commun avec la première de ne pas souffrir qu'on tue les animaux ni les insectes, et de ne rien manger qui ait eu vie, ses dogmes sont différens ; elle croit l'univers créé par une première cause qui gouverne et conserve tout avec un pouvoir immuable et sans borne ; son nom est *Permiser* et *Vistnou*. Elle lui donne trois substituts, qui ont chacun leur emploi sous sa direction : le premier, nommé *Brahma*, dispose du sort des âmes, qu'il fait passer dans des corps d'hommes ou de bêtes ; le second, qui s'appelle *Bouffinna*, apprend aux créatures humaines à vivre suivant les lois de Dieu, qui sont comprises en quatre livres : il prend soin aussi de faire croître le blé, les plantes et les légumes ; le troisième se nomme *Maïs*, et son pouvoir s'étend sur les morts ; il sert comme de secrétaire à Vistnou, pour examiner les bonnes et mauvaises œuvres ; il en fait un rapport fidèle à son maître, qui, après les avoir pesées, envoie l'âme dans le corps qui lui convient. Les âmes qui sont envoyées dans le corps des vaches sont les plus heureuses, parce que, cet animal ayant quelque chose de divin, elles espèrent d'être plus tôt purifiées des souillures qu'elles ont contractées. Au contraire, celles qui ont pour demeure le corps d'un éléphant, d'un chameau, d'un buffle, d'un bouc, d'un âne, d'un léopard, d'un porc, d'un serpent, ou de quelque autre bête immonde, sont fort à plaindre, parce qu'elles passent de là dans d'autres corps de bêtes domestiques et moins féroces, où elles achèvent d'expier les crimes qui les ont fait condamner à cette peine. Enfin Maïs présente les âmes purifiées à Vistnou, qui les reçoit au nombre de ses serviteurs.

Les samaraths brûlent les corps des morts,

à la réserve de ceux des enfans au-dessous de l'âge de trois ans ; mais ils observent de faire les obsèques sur le bord d'une rivière, ou de quelque ruisseau d'eau vive ; ils y portent même leurs malades, lorsqu'ils sont à l'extrémité, pour leur donner la consolation d'y expirer. Il n'y a point de secte dont les femmes se sacrifient si gaiement à la mémoire de leurs maris. Elles sont persuadées que cette mort n'est qu'un passage pour entrer dans un bonheur sept fois plus grand que tout ce qu'elles ont eu de plaisir sur la terre. Un autre de leurs plus saints usages est de faire présenter à leur enfant, aussitôt qu'elles sont accouchées, une écritoire, du papier et des plumes ; si c'est un garçon, elles y font ajouter un arc ; le premier de ces deux signes est pour engager Bouffinna à graver la loi dans l'esprit de l'enfant, et l'autre lui promet sa fortune à la guerre, s'il embrasse cette profession à l'exemple des rasbouts.

La troisième secte, qui est celle des bisnaos, s'abstient, comme les deux précédentes, de manger tout ce qui a l'apparence de vie. Elle impose aussi des jeûnes ; ses temples portent le nom particulier d'*agoges*. La principale dévotion des bisnaos consiste à chanter des hymnes à l'honneur de leur dieu, qu'ils appellent *Ram-ram*. Leur chant est accompagné de danses, de tambours, de flageolets, de bassins de cuivre, et d'autres instrumens, dont ils jouent devant leurs idoles. Ils re présentent Ram-ram et sa femme sous différentes formes ; ils les parent de chaînes d'or, de colliers de perles et d'autres ornemens précieux. Leurs dogmes sont à peu près les mêmes que ceux des samaraths, avec cette différence que leur dieu n'a point de lieutenans, et qu'il agit par lui-même. Ils se nourrissent de légumes, de beurre et de lait, avec ce qu'ils nomment l'*atsenia*, qui est une composition de gingembre, de mangues, de citrons, d'ail et de graine de moutarde confite au sel ; ce sont leurs femmes ou leurs prêtres qui font cuire leurs alimens. Au lieu de bois, qu'ils font scrupule de brûler, parce qu'il s'y rencontre des vers qui pourraient périr par le feu, ils emploient de la fiente de vache séchée au soleil et mêlée avec de la paille, qu'ils coupent en petits carreaux, comme les tourbes. La plupart des banians bisnaos exercent le commerce par commission ou pour leur propre compte; ils y sont fort entendus. Leurs manières étant très-douces, et leur conversation agréable, les chrétiens et les mahométans choisissent parmi eux leurs interprètes et leurs courtiers. Ils ne permettent point aux femmes de se faire brûler avec leurs maris; ils les forcent à garder un veuvage perpétuel, quand le mari serait mort avant la consommation du mariage. Il n'y a pas long-temps que le second frère était obligé, parmi eux, d'épouser la veuve de son aîné; mais cet usage a fait place à la loi qui condamne toutes les veuves au célibat.

En se baignant suivant l'usage commun de toutes les sectes banianes, les bisnaos doivent se plonger, se vautrer et nager dans l'eau; après quoi ils se font frotter par un bramine, le front, le nez, les oreilles, d'une drogue composée de quelque bois odoriférant, et pour sa peine ils lui donnent une petite quantité de blé, de riz ou de légumes. Les plus riches ont dans leurs maisons des bassins d'eau pure qu'ils y amènent à grands frais, et ne vont aux rivières que dans les occasions solennelles, telles que leurs grandes fêtes, les pélerinages et les éclipses.

La secte de goudji, qui comprend les *fakirs*, c'est à-dire les moines banians, les ermites, les missionnaires, et tous ceux qui se livrent à la dévotion par état, fait profession de reconnaître un Dieu créateur et conservateur de toutes choses. Ils lui donnent divers noms, et le représentent sous différentes formes. Ils passent pour de saints personnages; et, n'exerçant aucun métier, ils ne s'attachent qu'à mériter la vénération du peuple. Une partie de leur sainteté consiste à ne rien manger qui ne soit cuit ou apprêté avec de la bouse de vache, qu'ils regardent comme ce qu'il y a de plus sacré; ils ne peuvent rien posséder en propre. Les plus austères ne se marient point, et ne toucheraient pas même une femme; ils méprisent les biens et les plaisirs de la vie; le travail n'a pas plus d'attrait pour eux; ils passent leur vie à courir les chemins et les bois, où la plupart vivent d'herbes vertes et de fruits sauvages. D'autres

se logent dans des masures ou dans des grot-
tes, et choisissent toujours les plus sales ;
d'autres vont nus, à l'exception des parties
naturelles, et ne font pas difficulté de se
montrer en cet état au milieu des grands
chemins et des villes ; ils ne se font jamais
raser la tête, encore moins la barbe, qu'ils
ne lavent et ne peignent jamais, non plus
que leur chevelure ; aussi paraissent-ils couverts de poils comme autant de sauvages.
Quelquefois ils s'assemblent par troupes sous
un chef, auquel ils rendent toutes sortes de
respects et de soumissions. Quoiqu'ils fassent profession de ne rien demander, ils s'arrêtent près des lieux habités qu'ils rencon-
trent, et l'opinion qu'on a de leur sainteté
porte toutes les autres sectes banianes à leur
offrir des vivres ; enfin d'autres, se livrant à
la mortification, exercent en effet d'incroya-
bles austérités. Il se trouve aussi des femmes qui embrassent un état si dur. Schoutan
ajoute que souvent les pauvres mettent leurs
enfans entre les mains des gondjis, afin qu'é-
tant exercés à la patience, ils soient capables
de suivre une profession si sainte et si ho-

norée, s'ils ne peuvent subsister par d'autres voies.

Quelques voyageurs mettent les rasbouts au nombre des sectes banianes, parce qu'ils croient aussi à la transmigration des âmes ; et qu'ils ont une grande partie des mêmes usages. Cependant, au lieu que tous les autres banians ont l'humeur douce, et qu'ils abhorrent l'effusion du sang, les rasbouts sont emportés, hardis et violens ; ils mangent de la chair, ils ne vivent que de meurtre et de rapine, et n'ont pas d'autre métier que la guerre.

Le grand-mogol et la plupart des autres princes indiens les emploient dans leurs armées, parce que, méprisant la mort, ils sont d'une intrépidité surprenante. Mandelslo raconte que, cinq rasbouts étant un jour entrés dans la maison d'un paysan pour s'y reposer d'une longue marche, le feu prit au village, et s'approcha bientôt de la maison où ils s'étaient retirés. On les en avertit ; ils répondirent que jamais ils n'avaient tourné le dos au péril ; qu'ils étaient résolus de donner au feu la terreur qu'il inspirait aux autres, et qu'ils voulaient le forcer de s'arrêter à leur vue. En effet ils s'obstinèrent à se laisser brûler plutôt que de faire un pas pour se garantir des flammes. Il n'y en eut qu'un qui prit le parti de se retirer ; mais il ne put se consoler de n'avoir pas suivi le parti des autres. Voilà un courage bien stupide.

Les rasbouts n'épargnent que les bêtes, surtout les oiseaux, parce qu'ils croient que leurs âmes sont particulièrement destinées à passer dans ces petits corps, et qu'ils espèrent alors pour eux-mêmes autant de charité qu'ils en auraient eu pour les autres. Ils marient, comme les banians, leurs enfans dès le premier âge ; leurs veuves se font brûler avec les corps de leurs maris, à moins que, dans le contrat de mariage, ils n'aient stipulé qu'on ne puisse les y forcer : cette précaution ne les déshonore point, lorsqu'elle a précédé l'union conjugale.

Au reste, cette variété d'opinions et d'usages, qui forme tant de sectes différentes entre les banians, n'empêche point qu'ils n'aient quatre livres communs, qu'ils regardent comme le fondement de leur religion, et pour

lesquels ils ont le même respect, malgré la
différence de leurs explications. Bernier, qui
s'attache particulièrement à tout ce qui regarde leurs sciences et leurs opinions, nous
donne des éclaircissemens curieux sur ces
deux points.

Bénarès, ville située sur le Gange, dans
un pays très-riche et très-agréable, est l'é-
cole générale et comme l'Athènes de toute
la gentilité des Indes. C'est le lieu où les
bramines, et tous ceux qui aspirent à la
qualité de savans, se rendent pour communiquer leurs lumières ou pour en recevoir. Ils
n'ont point de colléges et de classes subor-
données comme les nôtres; en quoi Bernier
leur trouve plus de ressemblance avec l'ancienne manière d'enseigner. Les maîtres sont
dispersés par la ville, dans leurs maisons,
et principalement dans les jardins des faubourgs, où les riches marchands leur permettent de se retirer. Les uns ont quatre dis-
ciples, d'autres six ou sept, et les plus cé-
lèbres, douze ou quinze au plus, qui emploient dix ou douze années à recevoir leurs
instructions. Cette étude est très-lente, parce

que la plupart des Indiens sont naturellement paresseux ; défaut qui leur vient de la
chaleur du pays et de la qualité de leurs alimens. Ils étudient sans contention d'esprit,
en mangeant leur kichery, c'est-à-dire un
mélange de légumes que les riches marchands
leur font apprêter.

Leur première étude est le sanscrit, qui
est une langue tout-à fait différente de l'indienne ordinaire, et qui n'est sue que des
poundits ou des savans. Elle se nomme *sanscrit* ou *sanskret*, qui signifie *langue pure*;
et croyant que c'est dans cette langue que
Dieu, par le ministère de Brahma, leur a
communiqué les quatre livres qu'ils appellent Védas, ils lui donnent les qualités de
sainte et de divine. Ils prétendent qu'elle est
aussi ancienne que ce Brahma, dont ils ne
comptent l'âge que par laks, ou centaines
de mille ans. « Je voudrais caution, dit Bernier, de cette étrange antiquité ; mais on ne
peut nier qu'elle ne soit très-ancienne, puisque les livres de leur religion, qui l'est sans
doute beaucoup, ne sont écrits que dans cette
langue, et que de plus elle a ses auteurs de

2*

philosophie et de médecine en vers, quelques autres poésies, et quantité d'autres livres, dont une grande salle est toute remplie à Bénarès. »

Les traités de philosophie indienne s'accordent peu sur les premiers principes des choses. Les uns établissent que tout est composé de petits corps indivisibles, moins par leur résistance et leur dureté que par leur petitesse; d'autres veulent que tout soit composé de matière et de forme; d'autres, des quatre élémens et du néant, ce qui est inintelligible; quelques-uns regardent la lumière et les ténèbres comme les premiers principes.

Dans la médecine, ils ont quantité de petits livres qui ne contiennent guère que des méthodes et des recettes. Le plus ancien et le principal est écrit en vers. Leur pratique est fort différente de la nôtre; ils se fondent sur ces principes, qu'un malade qui a la fièvre n'a pas besoin de nourriture; que le principal remède des maladies est l'abstinence; qu'on ne peut donner rien de pire à un malade que des bouillons de viande, ni qui ne se corrompe plus tôt dans l'estomac d'un fiévreux, et qu'on ne doit tirer du sang que dans une grande nécessité, telle que la crainte d'un transport au cerveau, ou dans les inflammations de quelque partie considérable, telle que la poitrine, le foie ou les reins. Bernier, quoique médecin, ne décide point, dit-il, la bonté de cette pratique; mais il en vérifia le succès. Il ajoute qu'elle n'est pas particulière aux médecins gentous; que les médecins mogols et mahométans, qui suivent Avicène et Averroës, y sont fort attachés, surtout à l'égard des bouillons de viande; que les Mogols, à la vérité, sont un peu plus prodigues de sang que les Gentous, et que, dans les maladies qu'on vient de nommer, ils saignent ordinairement une ou deux fois; « mais ce n'est pas de ces petites saignées de nouvelle invention : *ce sont de ces saignées copieuses des anciens*, de dix-huit à vingt onces de sang, qui vont souvent jusqu'à la défaillance, mais qui ne manquent guère aussi d'étrangler, suivant le langage de Galien, les maladies dans leur origine. »

Pour l'anatomie, on peut dire absolument que les Indiens gentous n'y entendent rien. La raison en est simple : ils n'ouvrent jamais de corps d'hommes ni d'animaux. Cependant ils ne laissent pas d'assurer qu'il y a cinq mille veines dans le corps humain, avec autant de confiance que s'ils les avaient comptées.

A l'égard de l'astronomie, ils ont leurs tables, suivant lesquelles ils prévoient les éclipses. Si ce n'est pas avec toute la justesse des astronomes de l'Europe, ils y parviennent à peu près ; mais ils ne laissent pas de joindre à leurs lumières de ridicules fables. Ce sont des monstres qui se saisissent alors du soleil ou de la lune, et qui l'infectent. Leurs idées de géographie ne sont pas moins choquantes. Ils croient que la terre est plate et triangulaire ; qu'elle a sept étages, tous différens en beautés, en habitans, dont chacun est entouré de sa mer ; que, de ces mers, une est de lait, une autre de sucre, une autre de beurre, une autre de vin, etc. ; qu'après une terre vient une mer, et une terre après une mer, et que chaque étage a différentes perfections, jusqu'au premier qui les contient toutes.

Si toutes ces rêveries, observe Bernier, sont les fameuses sciences des anciens brachmanes des Indes, on s'est bien trompé dans l'idée qu'on en a conçue. Mais il avoue que la religion des Indes est d'un temps immémorial ; qu'elle s'est conservée dans la langue sanscrite, qui ne peut être que très-ancienne, puisqu'on ignore son origine, et que c'est une langue morte qui n'est connue que des savans, et qui a ses poésies ; que tous les livres de science ne sont écrits que dans cette langue ; enfin que peu de monumens ont autant de marques d'une très-grande antiquité.

Bernier raconte qu'en descendant le Gange et passant par Bénarès, il alla trouver un chef des poundits, qui faisait sa demeure ordinaire dans cette ville. C'était un bramine si renommé par son savoir, que Schah-Djehan, par estime pour son mérite autant que pour faire plaisir aux radjas, lui avait accordé une pension annuelle de deux mille roupies. Il était de belle taille et d'une fort agréable physionomie. Son habillement consistait dans une espèce d'écharpe blanche de soie, qui était liée autour de sa ceinture et qui lui pendait jusqu'au milieu des jambes, avec une autre écharpe de soie rouge assez large, qu'il portait sur les épaules comme un petit manteau. Berlier l'avait vu plusieurs fois à Delhy devant l'empereur, dans l'assemblée des omhras, et marchant par les rues, tantôt à pied, tantôt en palekis. Il l'avait même entretenu plusieurs fois chez Danesch - Mend, à qui ce docteur indien faisait sa cour, dans l'espérance de faire rétablir sa pension qu'Aureng - Zeb lui avait ôtée, pour marquer son attachement au mahométisme.

« Lorsqu'il me vit à Bénarès, dit Bernier, il me fit cent caresses, et me donna une collation dans la bibliothèque de son univers, avec les six plus fameux poundits ou docteurs de la ville. Me trouvant en si bonne compagnie, je les priai tous de me dire leurs sentimens sur l'adoration de leurs idoles, parce que, me disposant à quitter les Indes, j'étais extrêmement scandalisé de ce côté-là, et que ce culte me paraissait indigne de leurs lumières et de leur philosophie. Voici la réponse de cette noble assemblée.

« Nous avons véritablement, me dirent-ils, dans nos deutas ou nos temples quantité de statues diverses, comme celles de Brahma, Machaden, Genich et Gavani, qui sont des principales ; et beaucoup d'autres môins parfaites, auxquelles nous rendons de grands honneurs, nous prosternant devant elles, et leur présentant des fleurs, du riz, des huiles parfumées, du safran et d'autres offrandes, avec un grand nombre de cérémonies. Cependant nous ne croyons point que ces statues soient ou Brahma même, ou les autres, mais seulement leurs images et leurs représentations ; et nous ne leur rendons ces honneurs que par rapport à ce qu'elles représentent. Elles sont dans nos deutas, parce qu'il est nécessaire à ceux qui font la prière d'avoir quelque chose devant les yeux qui arrête l'esprit. Quand nous prions, ce n'est pas la statue que nous prions, mais celui qui est représenté par la statue. Au reste, nous reconnaissons que c'est Dieu qui est le maître absolu et le seul tout-puissant. »

» Voilà, reprend Bernier, sans y rien ajouter ni diminuer, l'explication qu'ils me donnèrent. Je les poussai ensuite sur la nature de leurs divinités, dont je voulais être éclairci : mais je n'en pus rien tirer que de confus. »

Bernier continue : « Je les remis encore sur la nature du *lengue cherire*, admis par quelques-uns de leurs meilleurs auteurs; mais je n'en pus tirer que ce que j'avais depuis long-temps entendu d'un autre poundit, savoir, que les semences des animaux, des plantes et des arbres, ne se forment point de nouveau; qu'elles sont toutes, dès la première naissance du monde, dispersées partout, mêlées dans toutes choses, et qu'en acte comme en puissance, elles ne sont des plantes, des arbres et des animaux même entiers et parfaits, mais si petits, qu'on ne peut distinguer leurs parties; sinon lorsque, se trouvant dans un lieu convenable, elles se nourrissent, s'étendent et grossissent, en sorte que les semences d'un pommier et d'un poirier sont en lengue chérire, un petit pommier et un petit poirier parfait, avec toutes ses parties essentielles , comme celles d'un cheval , d'un éléphant et d'un homme, sontt un lengue cherire , un petit cheval , un petit éléphant et un petit homme , auxquels il ne manque que l'âme et la nourriture pour les faire paraître ce qu'ils sont en effet. » Voilà le système des germes préexistans.

Quoique Bernier ne sût pas le sanscrit ou la langue des savans , il eut une précieuse occasion de connaître les livres composés dans cette langue. Danesch-Mend-Khan prit à ses gages un des plus fameux poundits de toutes les Indes. « Quand j'étais las , dit-il , d'expliquer les dernières découvertes d'Harvey et de Pecquet sur l'anatomie, et de raisonner sur la philosophie de Gassendi et de Descartes, que je traduisais en langue persane, le poundit était notre ressource. » Nous apprîmes de lui que Dieu, qu'il appelait toujours *Achâr*, c'est-à-dire immobile ou immuable, a donné aux Indiens quatre livres qu'ils appellent *vedas* , nom qui signifie *sciences*, parce qu'ils prétendent que toutes les sciences sont comprises dans ces livres. Le premier se nomme *Atherbaved*, le second, *Zagerved*, le troisième, *Rekved*, et le quatrième, *Samaved*. Suivant la doctrine de ces livres, ils doivent être distingués, comme ils le sont effectivement, en quatre tribus : la première, des bramines ou gens de loi ; la seconde, des ketterys, qui sont les gens de guerre ; la troisième, des bescuès ou des marchands, qu'on appelle proprement *banians*, et la quatrième, des seydras, qui sont les artisans et les laboureurs. Ces tribus ne peuvent s'allier les unes avec les autres ; c'est-à-dire qu'un bramine, par exemple, ne peut se marier avec une femme kettery.

Ils s'accordent tous dans une doctrine, qui revient à celle des pythagoriciens sur la métempsycose, et qui leur défend de tuer ou de manger aucun animal. Ceux de la seconde tribu peuvent néanmoins en manger, à l'exception de la chair de vache ou de paon. Le respect incroyable qu'ils ont pour la vache vient de l'opinion dans laquelle ils sont élevés, qu'ils doivent passer un fleuve dans l'autre vie en se tenant à la queue d'un de ces animaux,

Les vedas enseignent que Dieu, ayant résolu de créer le monde, ne voulut pas s'employer lui-même à cet ouvrage, mais qu'il créa trois êtres très-parfaits. Le premier, nommé *Brahma*, qui signifie *pénétrant en toutes choses*; le second, sous le nom de *Beschen*, qui veut dire *existant en toutes choses*; et le troisième, sous celui de *Méhahden*, c'est-à-dire *grand-seigneur*; que, par le ministère de Brahma il créa le monde; que par Beschen il le conserve, et qu'il le détruira par Méhahden; que Brahma fut chargé de publier les quatre vedas, et que c'est par cette raison qu'il est quelquefois représenté avec quatre têtes.

Mais les banians, dans leurs différentes sectes, ne sont pas les seuls idolâtres de l'empire. On trouve particulièrement dans la province de Guzarate une sorte de païens qui se nomment *parsis*, dont la plupart sont des Persans des provinces de Fars et de Khorasan, qui abandonnèrent leur patrie dès le septième siècle pour se dérober à la persécution des mahométans. Aboubekre ayant entrepris d'établir la religion de Mahomet en Perse par la force des armes, le roi qui occupait alors le trône, dans l'impuissance de lui résister, s'embarqua au port d'Ormus avec dix-huit mille hommes fidèles à leur ancienne religion, et prit terre à Cambaye. Non-seulement il y fut reçu, mais il obtint la liberté de s'établir dans le pays, où cette faveur attira d'autres Persans, qui n'ont pas cessé d'y conserver leurs anciens usages.

Les parsis n'ont rien de si sacré que le feu, parce que rien, disent-ils, ne représente si bien la Divinité. Ils l'entretiennent soigneusement. Jamais ils n'éteindraient une chandelle ou une lampe; jamais ils n'emploieraient de l'eau pour arrêter un incendie, quand leur maison serait exposée à périr par les flammes : ils emploient alors de la terre pour l'étouffer. Le plus grand malheur qu'ils croient avoir à redouter, est de voir le feu tellement éteint dans leurs maisons, qu'ils soient obligés d'en tirer du voisinage. Mais il n'est pas vrai, comme on le dit des Guèbres et des anciens habitans de la Perse, qu'ils en fassent l'objet de leurs adorations. Ils reconnaissent un Dieu conservateur de l'univers,

qui agit immédiatement par sa seule puissance, auquel ils donnent sept ministres,
pour lesquels ils ont aussi beaucoup de
vénération, mais qui n'ont qu'une admi-
nistration dépendante dont ils sont obligés
de lui rendre compte. Au-dessous de ces
premiers ministres ils en comptent vingt-six
autres, dont chacun exerce différentes fonctions pour l'utilité des hommes et pour le
gouvernement de l'univers. Outre leurs noms
particuliers, ils leur donnent en général
celui de *geshou*, qui signifie *seigneur*, et,
quoique inférieurs au premier être, ils ne
font pas difficulté de les adorer et de les in-
voquer dans leurs nécessités, parce qu'ils
sont persuadés que Dieu ne refuse rien à
leur intercesssion. Leur respect pour leurs
docteurs est extrême. Ils leurs fournissent
abondamment de quoi subsister avec leurs
familles. On ne leur connaît point de mosquées ni de lieux publics pour l'exercice de
leur religion ; mais ils consacrent à cet usage
une chambre de leurs maisons, dans laquelle ils font leurs prières assis et sans aucune inclination de corps. Ils n'ont pas de

3*

jour particulier pour ce culte, à l'exception du premier et du vingtième de la lune, qu'ils chôment religieusement. Tous leurs mois sont de trente jours, ce qui n'empêche point que leur année ne soit composée de trois cent soixante-cinq jours, parce qu'ils en ajoutent cinq au dernier mois. On ne distingue point leurs prêtres à l'habit, qui leur est commun, non-seulement avec tous les autres parsis, mais avec tous les habitans du pays. L'unique distinction de ces idolâtres est un cordon de laine ou de poil de chameau, dont ils se font une ceinture qui leur passe deux ou trois fois autour du corps, et qui se noue en deux nœuds sur le dos. Cette marque de leur profession leur paraît si nécessaire, que ceux qui ont le malheur de la perdre ne peuvent ni manger, ni boire, ni parler, ni quitter même la place où ils se trouvent avant qu'on leur en ait apporté une autre de chez le prêtre qui les vend. Les femmes en portent comme les hommes depuis l'âge de douze ans.

La plupart des parsis habitent le long des côtes maritimes, et trouvent paisiblement leur entretien dans le profit qu'ils tirent du tabac qu'ils cultivent, et du terry qu'ils tirent des palmiers, parce qu'il leur est permis de boire du vin. Ils se mêlent aussi du commerce de banque et de toutes sortes de professions, à la réserve des métiers de maréchal, de forgeron et de serrurier, parce que c'est pour eux un péché irrémissible d'éteindre le feu. Leurs maisons sont petites, sombres et mal meublées. Dans les villes ils affectent d'occuper un même quartier. Quoiqu'ils n'aient point de magistrats particuliers, ils choisissent entre eux deux des plus considérables de la nation, qui décident les différens, et qui leur épargnent l'embarras de plaider devant d'autres juges. Leurs enfans se marient fort jeunes; mais ils continuent d'être élevés dans la maison paternelle jusqu'à l'âge de quinze ou seize ans. Les veuves ont la liberté de se remarier. Si l'on excepte l'avarice et les tromperies du commerce, vice d'autant plus surprenant dans les parsis, qu'ils ont une extrême aversion pour le larcin, ils sont généralement de meilleur naturel que les mahométans,

Leurs mœurs sont douces, innocentes, ou plus éloignées du moins de toutes sortes de désordres que celles des autres nations de l'Inde.

Lorsqu'un parsis est à l'extrémité de sa vie, on le transporte de son lit sur un banc de gazon, où on le laisse expirer. Ensuite cinq ou six hommes l'enveloppent dans une pièce d'étoffe, et le couchent sur une grille de fer en forme de civière, sur laquelle ils le portent au lieu de la sépulture commune, qui est toujours à quelque distance de la ville. Ces cimetières sont trois champs, fermés d'une muraille de douze ou quinze pieds de hauteur, dont l'un est pour les femmes, l'autre pour les hommes, et le troisième pour les enfans. Chaque fosse a sur son ouverture des barres qui forment une autre espèce de grille, sur laquelle on place le corps pour y servir de pâture aux oiseaux de proie, jusqu'à ce que les os tombent d'eux-mêmes dans la fosse. Les parens et les amis l'accompagnent avec des cris et des gémissemens effroyables ; mais ils s'arrêtent à cinq cents pas de la sépulture, pour attendre qu'il soit couché sur la grille. Six semaines après, on porte au cimetière la terre sur laquelle le mort a rendu l'âme, comme une chose souillée que personne ne voudrait avoir touchée ; elle sert à couvrir les restes du corps et à remplir la fosse. L'horreur des parsis va si loin pour les cadavres, que, s'il leur arrive seulement de toucher aux os d'une bête morte, ils sont obligés de quitter leurs habits, de se nettoyer le corps, et de faire une pénitence de neuf jours, pendant lesquels leurs femmes et leurs enfans n'osent approcher d'eux. Ils croient particulièrement que ceux dont les os tombent par malheur dans l'eau sont condamnés sans ressource aux punitions de l'autre vie. Leur loi défend de manger les animaux ; mais cette défense n'est pas si sévère, que, dans la nécessité, ils ne mangent de la chair de mouton, de chèvre et de cerf, de la volaille et du poisson. Cependant ils s'interdisent si rigoureusement la chair de bœuf et de vache, qu'on leur entend dire qu'ils aimeraient mieux manger leur père et leur mère. Quoique le terry ou le vin de palmier leur soit permis, il leur est défendu de boire de l'eau-de-vie, et surtout de s'enivrer. L'ivrognerie est un si grand crime dans leur secte, qu'il ne peut être expié que par une longue et rude pénitence, et ceux qui refusent de s'y soumettre sont bannis de leur communion.

La taille des parsis n'est pas des plus hautes; mais ils ont le teint plus clair que les autres Indiens, et leurs femmes sont incomparablement plus blanches et plus belles que celles des mahométans. Les hommes ont la barbe longue, et se la coupent en rond. Les uns se font couper les cheveux, et les autres les laissent croître. Ceux qui se les font couper gardent au sommet de la tête une tresse de la grosseur d'un pouce.

On distingue dans l'Indoustan deux autres sectes de païens, dont les uns sont Indous, et tirent leur origine de la province de Moultan. Ils ne sont point banians, puisqu'ils tuent et mangent indifféremment toutes sortes de bêtes, et que dans leurs assemblées de religion, qui se font en cercle, ils n'admettent aucun banian. Cependant ils ont beaucoup de respect pour le bœuf et la va-

che. La plupart suivent la profession des armes, et sont employés par le grand-mogol à
la garde de ses meilleures places.

La seconde secte qui porte le nom de *Gentous*, vient du Bengale, d'où elle s'est répan-
due dans toutes les grandes Indes. Ces idolâtres n'ont pas les bonnes qualités des banians, et sont aussi moins considérés. La
plupart ont l'âme basse et servile. Ils sont
d'une ignorance et d'une simplicité aussi
surprenantes dans ce qui regarde la vie ci-
vile que dans tout ce qui appartient à la religion, dont ils se reposent sur leurs prêtres;
ils croient que, dans l'origine des choses, il
n'y avait qu'un seul Dieu, qui s'en associe
d'autres à mesure que les hommes ont mé-
rité cet honneur par leurs belles actions; ils
reconnaissent l'immortalité et la transmigration des âmes, ce qui leur fait abhorrer l'effusion du sang. Aussi le meurtre n'est-il pas
connu parmi eux. Ils punissent rigoureusement l'adultère; mais ils ont tant d'indul-
gence pour la simple fornication, qu'ils n'y
attachent aucun déshonneur, et qu'ils ont
des familles nommées *bagavares*, dont la

profession consiste à se prostituer ouvertement.

Dans la ville de Jagrenat, dit Bernier, située sur le golfe de Bengale, on voit un fameux temple de l'idole du même nom, où il se fait tous les ans une fête qui dure huit ou neuf jours. Il s'y rassemble quelquefois plus de cent cinquante mille Gentous. On fait une superbe machine de bois, remplie de figures extravagantes, à plusieurs têtes gigantesques, ou moitié hommes et moitié bêtes, et posées sur seize roues, que cinquante ou soixante personnes tirent, poussent et font rouler. Au centre est placée l'idole Jagrenat, richement parée, qu'on transporte d'un temple dans un autre. Pendant la marche de ce chariot, il se trouve des misérables dont l'aveuglement va jusqu'à se jeter le ventre à terre sous ces larges et pesantes roues qui les écrasent, dans l'opinion que Jagrenat les fera renaître grands et heureux.

Les Gentous du Bengale sont laboureurs ou tisserands. On trouve des bourgs et des villages uniquement peuplés de cette secte, et dans les villes ils occupent plusieurs grands quartiers. C'est de leurs manufactures que sortent les plus fines toiles de coton et les plus belles étoffes de soie. « C'est un spectacle fort amusant, raconte Schouten, de voir leurs femmes et leurs filles tout-à-fait noires et presque nues travailler avec une adresse admirable à leurs métiers, et s'occuper à faire blanchir les toiles, en accompagnant de chansons le travail et le mouvement de leurs mains et de leurs pieds. Les hommes me paraissent plus lâches et plus paresseux. Ils se faisaient aider par leurs femmes dans les plus pénibles exercices, tels que de cultiver la terre et de moissonner : elles s'en acquittaient mieux qu'eux. Après avoir travaillé avec beaucoup d'ardeur, elles allaient encore faire le ménage pendant que leurs maris se reposaient. J'ai vu cent fois les femmes gentives travailler à la terre avec leurs petits enfans à leur cou ou à la mamelle.

On trouve dans l'Indoustan une autre sorte de sectaires, qui ne sont ni païens ni mahométans, et qui portent le nom de *theers*. On ne leur connaît aucune religion : il forment une société qui ne sert dans tous les lieux qu'à nettoyer les puits, les cloaques, les égouts, et qu'à écorcher les bêtes mortes, dont ils mangent la chair. Ils conduisent aussi les criminels au supplice, et quelquefoi ils sont chargés de l'exécution ; aussi passent-ils pour une race abominable. D'autres Indiens qui les auraient touchés se croiraient obligés de se purifier depuis la tête jusqu'aux pieds ; et cette horreur que tout le monde a pour eux leur a fait donner le surnom d'*alkores*. On ne souffre point qu'ils demeurent au centre des villes. Ils sont obligés de se retirer à l'extrémité des faubourgs, et de s'éloigner du commerce des habitans.

Les Mogols aiment avec passion le jeu des échecs, et celui d'une espèce de cartes qui les expose quelquefois à la perte de leur fortune. La musique, quoique mal exécutée par leurs instrumens, est un goût commun à tous les états. Ils ne se ressemblent pas moins par la confiance qu'ils ont à l'astrologie. Un Mogol n'entreprend point d'affaires importantes sans avoir consulté le minatzim ou l'astrologue.

Outre les ouvrages de religion et leurs propres traités de philosophie, ils ont ceux d'Aristote traduits en arabe, qu'ils nomment *Aplis*. Ils ont aussi quelques traités d'Avicène, qu'ils respectent beaucoup, parce qu'il était natif de Samarcande, sous la domination de Tamerlan. Leur manière d'écrire n'est pas sans force et sans éloquence. Ils conservent dans leurs archives tout ce qui arrive de remarquable à la cour et dans les provinces; et la plupart de ceux qui travaillent aux affaires laissent des mémoires qui pourraient servir à composer une bonne histoire de l'empire. Leur langue, quoique distinguée en plusieurs dialectes, n'est pas difficile pour les étrangers; ils écrivent de la droite à la gauche. Entre les personnes de distinction, il y en a peu qui ne parlent la langue persane, et même l'arabe.

Leurs maladies les plus communes sont la dysenterie et la fièvre chaude; ils ne manquent point de médecins; mais ils n'ont pas d'autres chirurgiens que les barbiers, qui sont en très-grand nombre, et dont les lumières se bornent à la saignée et à l'application des ventouses.

Ce qui regarde le climat sera traité dans l'article général de l'*Histoire naturelle des Indes*. Mais nous croyons devoir ajouter à celui-ci un tableau succinct de la fameuse expédition de Nadir - Schah ou Thamas - Kouli-Khan, dans l'empire mogol. Ce récit d'ailleurs n'est pas étranger à l'histoire des mœurs. Il montre quelle idée l'on doit avoir de ces despotes d'Orient, et combien l'excès de la lâcheté est voisin de la tyrannie.

Ce fut en 1739, vingt-unième année du règne de Mohammed-Schah, que le fameux Kouli-Khan, s'étant rendu maître du Kandahar, profita de la mollesse de ce prince pour entrer dans l'Inde avec une armée redoutable, et, forçant tous les obstacles, s'avança jusqu'à Lahor, dont il n'eut pas plus de peine à se saisir. Le voyageur Otter se trouvait alors en Perse, et l'occasion qu'il eut de se faire instruire de toutes les circonstances de ce grand événement rend son témoignage fort précieux.

L'ennemi des Mogols, encouragé par leur faiblesse et par l'invitation de quelques traîtres, mena son armée victorieuse à Kiernal, entre Lahor et Delhy. Il fut attaqué par celle de Mohammed-Schah; mais l'ayant battue avec cette fortune supérieure qui avait presque toujours accompagné ses armes, il mit bientôt ce malheureux empereur dans la nécessité de lui demander la paix. Ce qu'il y eut de plus déplorable pour l'Indoustan, Nizam-oul-Moulk, un traître qui avait appelé Nadir-Schah, fut choisi pour la négociation. Il se rendit au camp du vainqueur avec un plein pouvoir. L'un et l'autre souhaitaient de se voir pour concerter l'exécution entière de leurs desseins. Ils convinrent que Mohammed-Schah aurait une entrevue avec Nadir-Schah; qu'il lui ferait un présent de deux mille krores, et que l'armée persane sortirait des états du Mogol. Le cérémonial fut aussi réglé : il portait qu'on dresserait une tente entre les deux armées; que les deux monarques s'y rendraient successivement, Nadir-Schah le premier, et Mohammed-Schah lorsque l'autre y serait entré; qu'à l'arrivée

4*

de l'empereur, le fils du roi de Perse ferait quelques pas au-devant de lui pour le conduire ; que Nadir-Schah irait le recevoir à la porte, et le mènerait jusqu'au fond de la tente, où ils se placeraient en même-temps sur deux trônes, l'un vis-à-vis de l'autre ; qu'après quelques momens d'entretien, Mohammed-Schah retournerait à son camp, et qu'en sortant on lui rendrait les mêmes honneurs qu'à son arrivée.

Un autre traître, nommé Scadet-Khan, voulut partager avec Nizam-oul-Moulk les faveurs de Nadir-Schah, et prit dans cette vue le parti d'enchérir sur la méchanceté. Il fit insinuer au roi que Nizam-oul-Moulk lui avait manqué de respect en lui offrant un présent si médiocre, qui ne répondait ni à l'opulence d'un empereur des Indes, ni à la grandeur d'un roi de Perse. Il lui promit le double, s'il voulait marcher jusqu'à Delhy, à condition néanmoins qu'il n'écoutât pas les conseils de Nizam-oul-Moulk qui le trompait, qu'il retînt l'empereur lorsqu'une fois il l'aurait près de lui, et qu'il se fît rendre compte du trésor. Cette proposition, qui flattait l'avidité de Nadir-Schah, fut si bien reçue, qu'elle lui fit prendre la résolution de ne pas observer le traité.

Il ordonna un grand festin. L'empereur, étant arrivé avec Nizam-oul-Moulk, fut traité d'abord comme on était convenu. Après les premiers complimens, Nadir-Schah fit signe de servir, et pria Mohammed Schah d'agréer quelques rafraîchissemens : son invitation fut acceptée. Pendant qu'ils étaient à table, Nadir-Schah prit occasion des circonstances pour tenir ce discours à l'empereur : « Est-il possible que vous ayez abandonné le » soin de votre état au point de me laisser » venir jusqu'ici? Quand vous apprîtes que » j'étais parti de Kandahar dans le dessein » d'entrer dans l'Inde, la prudence n'exigeait- » elle pas que, quittant le séjour de votre » capitale, vous marchassiez en personne » jusqu'à Lahor, et que vous envoyassiez » quelqu'un de vos généraux avec une armée » jusqu'à Kaboul pour me disputer les pas- » sages? Mais ce qui m'étonne le plus, c'est » de voir que vous ayez eu l'imprudence de » vous engager dans une entrevue avec moi

» qui suis en guerre avec vous., et que vous
» ne sachiez pas que la plus grande faute
» d'un souverain est de se mettre à la discré-
» tion de son ennemi. Si, ce qu'à Dieu ne
» plaise, j'avais quelque mauvais dessein sur
» vous, comment pourriez-vous vous en dé-
» fendre! Maintenant je connais assez vos
» sujets pour savoir que, grands et petits,
» ils sont tous des lâches, ou même des
» traîtres. Mon dessein n'est pas de vous en-
» lever la couronne : je veux seulement voir
» votre capitale, m'y arrêter quelques jours,
» et retourner ensuite en Perse. » En ache-
vant ces mots, il mit la main sur l'Alcoran,
et fit serment de tenir sa parole.

Mohammed-Schah, qui ne s'attendait point
à ce langage, parut l'écouter avec beaucoup
d'étonnement; mais les dernières déclarations
le jetèrent dans une consternation qui le fit
croire près de s'évanouir. Il changea de couleur; sa langue devint immobile; son esprit
se troubla. Cependant, après avoir un peu
réfléchi sur le danger dans lequel il s'était je-
té, il rompit le silence pour demander la liberté de retourner dans son camp. Nadir-

Schah la lui refusa, et le mit sous la garde d'Abdoul-Baki-Khan , un de ses principaux officiers. Cette nouvelle répandit une affreuse consternation dans toute l'armée indienne. L'itimadoulet et tous les ombras passèrent la nuit dans une extrême inquiétude. Ils virent arriver le lendemain matin un officier persan avec un détachement , qui , après s'être emparé du trésor et des équipages de l'empereur, fit proclamer dans le camp que chacun pouvait se retirer librement avec ses équipages et tout ce qu'il pourrait emporter, sans craindre d'être arrêté ni de recevoir d'insulte. Un moment après, six cavaliers persans vinrent enlever l'itimadoulet. Ils le conduisirent au quartier de l'empereur, dans leur propre camp , et le laissèrent avec ce prince. Après la dispersion de l'armée , Nadir-Schah pouvait marcher droit à la capitale ; mais, voulant persuader au peuple que sa marche était concertée avec Mohammed-Schah, il fit prendre les devans à Scadet-Khan pour disposer les esprits à l'exécution de ses desseins. Ce khan partit avec deux mille chevaux persans, commandés par un des fils de Nadir-Schah,

Il commença par faire publier à Delhy une défense de s'opposer aux Persans. Ensuite, ayant fait appeler le gouverneur du fort, il lui communiqua des lettres munies du sceau de l'empereur, qui portaient ordre de faire préparer le quartier de Renchen-Abad pour Nadir-Schah, et d'évacuer le fort pour y loger le détachement qui l'avait suivi. Cet ordre parut étrange au gouverneur; mais il ne laissa pas de l'exécuter avec une aveugle soumission. Les deux mille Persans entrèrent dans le fort. Scadet-Khan prit le temps de la nuit pour s'y transporter. Il mit le sceau de l'empereur sur les coffres et aux portes des magasins; ensuite il dressa un état exact des omhras, des ministres, des autres officiers, et de tous les riches habitans de la ville, indiens ou mahométans. Cette liste devait d'abord apprendre à Nadir-Schah les noms de ceux dont il pouvait exiger de l'argent à son arrivée. Scadet-Khan fit aussi marquer les palais qui devaient être évacués pour loger les officiers persans.

Cependant le vainqueur, maître de la caisse militaire, de l'artillerie et des munitions de guerre qui s'étaient trouvées dans le camp, envoya tout sous une bonne escorte à Kaboul, pour le faire transporter en Perse. Il partit ensuite de Kiernal dans l'ordre suivant : l'empereur, porté dans une litière, accompagné de Nizam-oul-Moulk, du visir, de Serbou-lend-Khan et d'autres ombras, marchait à la droite, suivi de quarante mille Persans. Une autre partie de l'armée persane était à la gauche, et Nadir-Schah faisait l'arrière-garde avec le reste de ses troupes. Après plusieurs jours de marche, ils arrivèrent au jardin impérial de Chalamar, où ils passèrent la nuit. Le lendemain l'empereur fit son entrée dans Delhy. Lorsqu'il fut descendu au palais, il fit publier que Nadir-Schah devait arriver le jour suivant, avec ordre à tous les habitans de fermer leurs maisons, et défense de se tenir dans les rues, dans les marchés, ou sur les toits pour voir l'entrée du roi de Perse. Cet ordre fut exécuté si ponctuellement, que Nadir-Schah, étant entré le 9 en plein jour, ne vit pas un Indien dans son chemin. Il alla prendre son logement dans le quartier de Reuohen-Abad, qu'on lui avait préparé. Scadet-Khan s'était empressé d'aller au-devant de lui jusqu'au jardin de Chalamar, et l'avait accompagné au palais où il était descendu. Il se flattait d'obtenir une audience particulière et de lui donner des avis sur la conduite qu'il devait tenir dans la capitale. Le roi n'ayant paru faire aucune attention à ses avertissemens, il osa s'approcher pour se faire entendre ; mais il fut reçu avec beaucoup de hauteur, et menacé même d'être puni, s'il n'apportait aussitôt le présent qu'il avait promis. Un traitement aussi dur lui fit reconnaître d'où partait le coup. Nizam-oul-Moulk, qui avait feint pendant quelques jours de l'associer à sa trahison, mais qui était trop habile pour vouloir partager avec lui la faveur du roi, avait déjà trouvé les moyens de le perdre en faisant soupçonner sa bonne foi. Le malheureux Scadet-Khan épuisa toutes ses ressources ; et désespérant de l'emporter sur son rival, il prit du poison, dont on le trouva mort le lendemein.

Le même jour un bruit répandu vers le soir persuada aux habitans de Delhy que Nadir-Schah était mort : ils prirent tumultueusement les armes, et leur haine les portant à faire main-basse sur tous les Persans qu'ils rencontraient dans les rues, on prétend que dans ce transport, qui dura toute la nuit, ils en firent périr plus de deux mille cinq cents. Quoique le roi en eût été d'abord informé, la crainte de quelque embuscade lui fit attendre le lendemain pour arrêter le désordre ; mais au lever du soleil, s'étant transporté à la mosquée de Renchen - Abad, le spectacle d'un grand nombre de Persans dont il vit les corps étendus le mit en fureur ; il ordonna un massacre général, avec permission de piller les maisons et les boutiques. A l'instant on vit ses soldats, répandus le sabre à la main dans les principaux quartiers de la ville, tuant tout ce qui se présentait devant eux, enfonçant les portes et se précipitant dans les maisons : hommes, femmes, enfans, tout fut massacré sans distinction. Les vieillards, les prêtres et les dévots, réfugiés dans les mosquées, furent cruellement égorgés en récitant l'Alcoran.

On ne fit grâce qu'aux plus belles filles, qui échappèrent à la mort pour assouvir la brutalité du soldat, sans aucun égard au rang, à la naissance, ni même à la qualité d'étrangère. Ces barbares, las enfin de répandre du sang, commencèrent le pillage; ils s'attachèrent particulièrement aux pierres précieuses, à l'or, à l'argent, et leur butin fut immense. Ils abandonnèrent le reste, et mettant le feu aux maisons, ils réduisirent en cendres plusieurs quartiers de la ville.

Quelques étrangers réfugiés dans la capitale s'attroupèrent pour la défense de leur vie. Les bijoutiers, les changeurs, les marchands d'étoffes se rassemblèrent près d'eux; l'intendant des meubles de la couronne se mit à leur tête, avec Djenan-Eddin, médecin de la cour; ils se battirent quelque temps en désespérés; mais n'étant point accoutumés à manier les armes, ils n'eurent que la satisfaction de mourir le sabre à la main. Otter assure qu'il périt dans ce massacre plus de deux cent mille personnes. Un grand nombre de ceux qui échappèrent à ce carnage prirent heureusement la fuite.

Nizam-oul-Moulk et le grand-visir, pensant à sauver le reste de la ville, allèrent se jeter aux pieds de Nadir-Schah pour lui demander grâce. Il donnait ordre en ce moment de porter le fer et le feu dans les autres quartiers. Les omhras furent mal reçus. Cependant, après avoir exhalé son courroux dans un torrent d'injures et de menaces, il se laissa toucher, et l'ordre fut donné aux officiers de rappeler les troupes. Les habitans reçurent celui de se renfermer dans leurs maisons, et la tranquillité fut aussitôt rétablie.

Le lendemain on obligea les soldats de rendre la liberté à toutes les femmes qu'ils avaient enlevées, et les habitans d'enterrer tous les cadavres, sous peine de mort. Ces malheureux demandaient le temps de séparer les corps des musulmans de ceux des Indiens idolâtres, pour rendre les derniers devoirs à chacun suivant leur religion ; mais, dans la crainte que le moindre délai ne fît recommencer le massacre, ils firent à la hâte, les uns des fosses dans les marchés, où ils enterrèrent leurs amis pêle-mêle, les autres des bûchers, où ils les brûlèrent sans distinction. On n'eut pas le temps, jusqu'au départ des Persans, de penser à ceux qui avaient été tués dans des lieux fermés, et ce fut alors un spectacle horrible de voir tirer des maisons les cadavres à moitié pourris. Seid-Khan et Chebsourah-Khan, l'un parent du visir, l'autre de Karau-Khan, qui avait été tué à la bataille, furent accusés avec Reimany, chef des tchoupdars ou des huissiers de l'empereur, d'avoir tué dans le tumulte un grand nombre de personnes. Nadir-Schah leur fit ouvrir le ventre ; l'ordre fut exécuté sous les yeux de Nizam-oul Moulk et du visir, qui avait employé inutilement tout leur crédit pour les sauver.

Nadir-Schah se fit apporter d'Audih le trésor de Scadet-Khan, qui montait à plus de dix laks de roupies. Mound-Khan fut envoyé au Bengale pour se saisir de la caisse des impôts. Nizam-oul-Moulk et le visir eurent ordre de remettre la caisse militaire, qui était d'un krore de roupie lorsqu'ils étaient sortis de la capitale pour marcher contre les Persans ; ils furent sommés aussi de faire venir de leurs gouvernemens les fonds qu'ils y avaient en propre, et ceux qui appartenaient à l'empereur. Nizam-oul-Moulk eut l'adresse de se tirer de cet embarras : « Vous savez, seigneur,

» dit-il au roi, que je vous suis dévoué, et
» que je vous ai toujours parlé sincèrement,
» ainsi j'espère que vous serez disposé à me
» croire. Lorsque je suis parti du Dékan, j'y
» établis mon fils en qualité de lieutenant,
» et je remis entre ses mains tous les biens
» que je possédais. Tout le monde sait qu'il
» ne m'est plus soumis, et qu'il ne dépend
» pas de moi de le faire rentrer dans le de-
» voir ; vous êtes seul capable de le réduire,
» et de soumettre les radjas du Dékan, qui
» sont autant de rebelles. Outres les trésors
» que mon fils a rassemblés, vous pourrez
» lever de fortes contributions sur ces fiers
» radjas qui ne respectent plus aucune au-
» torité.

Nadir-Schah sentit toute l'adresse de cette réponse ; mais comme Nizam-oul-Moulk lui était encore nécessaire, il prit le parti de dissimuler, et ne parla plus du trésor de Dékan. Le visir fut traité avec moins de ménagement ; on le croyait très-riche. Le roi n'ayant pas réussi à l'intimider par des menaces, fit venir son secrétaire, qu'il accabla d'injures, en le pressant de représenter ses comptes ; et, loin d'écouter ses raisons, il lui fit couper une oreille. Le visir fut exposé au soleil, ancien genre de supplice dans les pays chauds ; cette violence lui fit offrir un krore de roupies, sans y comprendre quantité de pierres précieuses et plusieurs éléphans. Le secrétaire fut taxé à de grosses sommes, entre les mains de Seiboulend-Khan, avec ordre d'employer les tourmens pour se faire payer ; mais il se délivra de cette vexation par une mort violente.

Nadir-Schah, n'épargnant pas même les morts, mit garnison dans les palais de quantité d'ombras qui avaient perdu la vie au combat de Kiernal. Il tira de leurs héritiers un krore de roupies. Comme la ville ne cessait pas d'être investie, les habitans qui entreprenaient de se soustraire aux vexations par la fuite tombaient entre les mains des troupes persanes, et périssaient sans pitié. Bientôt on manqua de vivres, et la famine augmenta les maux publics. Plusieurs étrangers, préférant le danger d'être maltraités par les Persans au supplice de la faim, se jetèrent en corps aux pieds de Nadir-Schah pour lui demander du pain. Il se laissa toucher par leurs prières, et leur permit d'aller chercher du blé pour leur subsistance du côté de Férid-Abad ; mais, faute de voitures, ils étaient obligés de l'apporter sur leurs têtes.

Enfin Nadir Schah se fit ouvrir le trésor impérial et le garde-meuble, auxquels on n'avait pas touché depuis plusieurs règnes. Il en tira des sommes inestimables en pierreries, en or, en argent, en riches étoffes, ou meubles précieux, parmi lesquels il n'oublia pas le trône du paon, évalué à neuf krores; et toutes ces dépouilles furent envoyées à Kaboul sous de fidèles escortes. Alors, pour se délasser des fatigues de la guerre, il passa plusieurs jours en promenades et d'autres en festins, où toutes les délicatesses de l'Inde furent servies avec profusion. Les beaux édifices et les autres ouvrages de Delhy lui firent naître le dessein de les imiter en Perse. Il choisit, entre les artistes mogols, des architectes, des menuisiers, des peintres et des sculpteurs qu'il fit partir pour Kaboul avec le trésor. Ils devaient être employés à bâtir une ville et une forteresse d'après celle de Djehan-Abad. En effet, il marqua dans la suite un lieu près d'Hemedan pour l'emplacement de cette ville, qui devait porter le nom de Nadir-Abad. Les guerres continuelles qui l'occupèrent après son retour ne lui permirent pas d'exécuter ce projet : mais, pour laisser à la postérité un monument de sa conquête, il fit battre à Delhy de la monnaie d'or et d'argent avec laquelle il paya ses troupes.

Après avoir épuisé le trésor impérial et toutes les richesses des grands, Nadir-Schah fit demander à Mohammed-Schah une princesse de son sang, nommée *Kiambahche*, pour Nasroulha-Mirza son fils, et ce monarque n'osa la lui refuser. Le mariage se fit dans la forme des lois musulmanes; mais il ne fut point accompagné d'un festin ni d'aucune marque de joie. Sa politique ne se bornait point à l'honneur d'une simple alliance. Comme il prévoyait trop de difficulté dans la conquête d'un si vaste empire, et de l'impossibilité même à la conserver, il voulait s'assurer du moins d'une partie de l'Inde. Le lendemain de la cérémonie, il fit déclarer à l'empereur qu'il fallait céder aux nouveaux mariés la province de Kaboul avec tous les autres pays de l'Inde situés au-delà de la rivière d'Atock. La date de cet acte est du mois mouharrem, l'an de l'hégire 1152; ce qui revient au mois d'avril 1739. Le préambule de l'acte mérite attention par la singularité des motifs. « Le prince des princes, le roi des rois, l'ombre de Dieu sur la terre, le protecteur de l'Islam (c'est-à-dire de la vraie foi), le second Alexandre, le puissant Nadir-Schah, que Dieu fasse régner long-temps, ayant envoyé ci-devant des ambassadeurs près de moi, prosterné devant le trône de Dieu, j'avais donné ordre de terminer les affaires pour lesquelles ils étaient venus. Le même dépêcha depuis de Kandahar pour me faire souvenir de ses demandes : mais mes ministres l'amusèrent et tâchèrent d'éluder l'exécution de mes ordres. Cette mauvaise conduite de leur part a fait naître de l'inimitié entre nous. Elle a obligé Nadir-Schah d'entrer dans l'Inde avec une armée ; mes généraux lui ont livré bataille auprès de

Kiernal. Il a remporté la victoire : ce qui a donné occasion à des négociations qui ont été terminées par une entrevue que j'ai eue avec lui. Ce grand roi est ensuite venu avec moi jusqu'à Schad-Djehan-Abad. Je lui ai offert mes richesses, mes trésors et tout mon empire ; mais il n'a pas voulu l'accepter en entier, et, se contentant d'une partie, il m'a laissé maître comme j'étais de la couronne et du trône. En considération de cette générosité, je lui ai cédé, etc. »

Mohammed, par cet écrit signé de sa main et scellé de son sceau, abandonna ses droits sur les plus belles provinces. Nadir-Schah ne songea plus alors qu'à grossir ses richesses par de nouvelles extorsions : il exigea des ombras et de tous les habitans de la ville des sommes proportionnées à leurs forces, sous le nom de présens. Quatre seigneurs mogols, chargés de l'exécution de cet ordre, firent un dénombrement exact de toutes les maisons de la ville, prirent les noms de ceux qui devaient payer, et les taxèrent ensemble à un krore, et cinquante laks de roupies ; mais, lorsqu'ils présentèrent cette liste au roi, cette somme lui parut trop modique ; et, devenant furieux, il demanda sur-le-champ les quatre krores que Scadet-Khan lui avait promis. Les commissaires, effrayés, divisèrent entre eux les différens quartiers de la ville, et levèrent cette somme avec tant de rigueur, qu'ils firent mourir dans les tourmens plusieurs personnes de la plus haute distinction. A force de violence ils ramassèrent trois krores de roupies, dont ils déposèrent deux et demi dans le trésor de Nadir-Schah, et gardèrent le reste pour eux. Un dervis, touché de compassion pour les malheurs du peuple, présenta au terrible Nadir-Schah un écrit dans ces termes : « Si tu es » dieu, agis en dieu. Si tu es un prophète, » conduis-nous dans la voie du salut ; si tu » es roi, rends les peuples heureux, et ne » les détruis pas. » Nadir-Schah répondit sans s'émouvoir : « Je ne suis pas dieu pour » agir en dieu, ni prophète pour montrer le » chemin du salut, ni roi pour rendre les » peuples heureux. Je suis celui que Dieu » envoie contre les nations sur lesquelles il » veut faire tomber sa vengeance. »

Enfin, content de ses succès dans l'Inde, il se prépara sérieusement à retourner en Perse. Le 6 de mai, il assembla au palais tous les omhras, devant lesquels il déclara qu'il rétablissait l'empereur dans la possession libre de ses états. Ensuite, après avoir donné à ce monarque plusieurs avis sur la manière de gouverner, il s'adressa aux omhras du ton d'un maître irrité : « Je veux bien vous lais- » ser la vie, leur dit - il, quelque indignes » que vous en soyez ; mais si j'apprends à » l'avenir que vous fomentiez dans l'état l'es- » prit de faction et d'indépendance, quoique » éloigné, je vous ferai sentir le poids de » ma colère, et je vous ferai mourir tous sans » miséricorde. »

Tels furent ses derniers adieux. Il partit le lendemain avec des richesses immenses en pierreries, en or, en argent, qu'on évalua pour son propre compte à soixante-dix kroros de roupies, sans y comprendre le butin de ses officiers et de ses soldats, qu'on fait monter à dix krores. Otter évalue toutes ces sommes à dix-huit cents millions de nos livres, indépendamment de tous les effets qui avaient été transportés à Kaboul. L'armée persane marcha sans s'arrêter un seul jour jusqu'à Serhend. De là Nadir-Schad fit ordonner à Zekdjersa-Khan, gouverneur de la province de Lahor, de lui apporter un krore de roupies. Ce seigneur, à qui les vexations de la capitale avaient fait prévoir qu'il ne serait pas épargné, tenait de grosses sommes prêtes, et se mit aussitôt en chemin avec celle qu'on lui démandait. Sa diligence lui fit obtenir diverses faveurs et la liberté d'un grand nombre d'Indiens que le vainqueur enlevait avec les dépouilles de leur patrie. Mais il ne put la faire accorder à cinquante des plus habiles écrivains du divan, que Nadir-Schah faisait emmener dans le dessein de s'instruire à fond des affaires de l'Inde. Ces malheureux, n'envisageant qu'un triste esclavage, cherchèrent d'autres moyens pour s'en délivrer. Quelques-uns prirent la fuite; d'autres, que cette raison fit resserrer avec plus de rigueur, se donnèrent la mort ou se firent musulmans.

La difficulté pour les Persans était de se rapprocher de Kaboul; ils n'étaient plus

maîtres ni de la capitale ni de la personne
de l'empereur, dont la captivité avait tenu
toutes les parties de l'empire dans la consternation et le respect. Ils avaient à passer le
Tchenab, l'Indus ou le Sindh, et d'autres
rivières, dans un temps où la crue extraordinaire des eaux ne leur permettait pas d'y
jeter des ponts. On n'a pas douté que, si les
Afghans, peuples qui habitent à l'occident
de l'Indus, avaient exécuté la résolution qu'ils
formèrent d'attaquer au passage une armée
chargée de butin, Nadir-Schah n'eût été
perdu sans ressource : mais son argent le tira
de ce danger ; dix laks de roupies qu'il dis-
tribua aux chefs de la ligue firent évanouir
tous leurs projets ; les eaux diminuèrent ; on
jeta un pont sur le fleuve, et l'armée passa
sans obstacle. Alors il prit une résolution
qu'Otter met au rang dés plus grandes actions de sa vie, et qu'il ne put croire, dit-
il, qu'après se l'être fait attester par plusieurs
témoins dignes de foi : il fit publier parmi
ses troupes un ordre de porter dans son trésor tout le butin qu'elles avaient fait dans
l'Inde, sous prétexte de les soulager en se

chargeant de ce qui pouvait les embarrasser dans leur marche. Elles obéirent; mais il poussa l'avidité plus loin : on lui avait appris que les officiers et les soldats avaient caché des pierreries ; il les fit fouiller tour à tour en partant, et leur bagage fut visité avec la même rigueur. Mais, après s'être emparé de tout ce qu'on découvrit, il fit distribuer à chaque soldat cinq cents roupies, et quelque chose de plus aux officiers, pour les consoler de cette perte. Il doit paraître étonnant que toute l'armée ne se soit pas soulevée contre lui plutôt que de se laisser arracher le fruit d'une si pénible expédition. Otter observe que ce qui arrêta le soulèvement, fut l'adresse qu'il avait toujours de semer dans l'esprit de ses sujets, surtout de ceux qui composaient ses armées, une défiance mutuelle qui les empêchait de se communiquer leurs desseins. Plusieurs à la vérité songèrent à déserter; mais la crainte d'être massacrés par les Indiens les retint, et le service n'en devint que plus exact.

D'autres Indiens voulurent disputer le passage aux Persans. Nadir-Schah, se lassant de partager ses richesses avec ses ennemis, se fit jour par la force des armes, et, les ayant obligés de prendre la fuite, il les fit poursuivre par divers détachemens qui pénétrèrent dans leurs habitations, où ils mirent tout à feu et à sang. Pendant le chemin qui lui restait jusqu'à Kaboul, il envoya plusieurs beaux chevaux de son écurie, avec d'autres présens, à Mohammed-Schah, et toute sa retraite eut l'air d'un nouveau triomphe. On apprit avec beaucoup de joie dans l'Inde qu'il avait repris la route du Kandahar, et l'inquiétude diminua par degrés jusqu'à l'heureuse nouvelle de son retour en Perse.

CHAPITRE X.

Voyage de Bernier à Cachemire.

CACHEMIRE bornant au nord les états du Mogol, nous terminerons ce qui regarde ce grand empire par la description de cette province, l'une des contrées les plus délicieuses de l'univers, et qui forme un des articles les plus agréables du recueil des voyageurs.

Un médecin célèbre, un philosophe au-dessus du commun, un observateur également sensible et judicieux, qui voyage dans le dessein de s'instruire et de se rendre utile à l'instruction d'autrui, mérite sans doute un rang distingué dans ce recueil. C'est à tous ces titres que les remarques de Bernier sur l'empire du Mogol sont singulièrement estimées.

La curiosité de voir le monde l'avait déjà fait passer dans la Palestine et dans l'Égypte, où, s'étant remis en chemin pour le grand Caire, après s'y être arrêté plus d'un an, il se rendit en trente-deux heures à Suez, pour s'y embarquer sur une galère qui le fit arriver le dix-septième jour à Djeddah, port de la Mecque. Delà, un petit bâtiment l'ayant porté à Moka, il se proposait de passer en Éthiopie; mais, effrayé du traitement qu'on y faisait aux catholiques, il s'embarqua dans

6*

un vaisseau indien sur lequel il aborda heureusement au port de Surate en 1655. Le
monarque qui occupait alors le trône des
Mogols était encore Schah-Djehan, fils de
Djehan-Guir et petit-fils d'Akbar. Bernier se
rendit à la cour d'Agra. Diverses aventures,
qu'il n'a pas jugé à propos de publier, l'en-
gagèrent d'abord au service du grand-mogol
en qualité de médecin; ensuite s'étant attaché à Danesch-Mend-Khan, le plus savant
homme de l'Asie, qui avait été backis, ou
grand-maître de la cavalerie, et qui était
alors un des principaux seigneurs de l'empire, il fut témoin des sanglantes révolutions qui arrivèrent dans cette cour, et qui
mirent Aureng-Zeb sur le trône.

Son premier tome en contient l'histoire;
le second n'offre rien non plus qui appar-
tienne au recueil des voyages. Mais après
avoir passé près de neuf ans à la cour, Bernier vit naître une occasion qu'il désirait
depuis long-temps, de visiter quelques provinces de l'empire avec ses maîtres, c'est-
à-dire à la suite de l'empereur et de Danesch-
Mend-Khan, dont l'estime et l'affection ne

lui promettaient que de l'agrément dans cette entreprise.

Aureng-Zeb, qui retenait Schah Djehan, son père, prisonnier dans la forteresse d'Agra, consultant moins la politique, qui ne lui permettait guère de s'éloigner, que l'intérêt de sa santé et les sentimens des médecins, prit la résolution de se rendre à Lahor ; et de Lahor à Cachemire, provinces septentrionales du Mogol, pour éviter les chaleurs excessives de l'été. Il partit le 6 décembre 1664, à l'heure que les astrologues avaient choisie pour la plus heureuse. La même raison l'obligea de s'arrêter à Schah-Limar, sa maison de plaisance, éloignée de deux lieues de Delhy ; il y passa six jours entiers à faire des préparatifs d'un voyage d'un an et demi. Il alla camper ensuite sur le chemin de Lahor pour y attendre le reste de ses équipages.

Il menait avec lui trente-cinq mille hommes de cavalerie, qu'il tenait toujours près de sa personne, et plus de dix mille hommes d'infanterie, avec les deux artilleries impériales, la pesante et la légère; celle-ci se nomme aussi l'artillerie de l'étrier, parce qu'elle est inséparable de la personne de l'empereur; au lieu que la grosse s'en écarte quelquefois pour suivre les grands chemins et rouler plus facilement; la grosse est composée de soixante-dix pièces de canon, la plupart de fonte, dont plusieurs sont si pesantes, qu'on emploie vingt paires de bœufs à les tirer. On y joint des éléphans qui aident les bœufs, en poussant et tirant les roues des charrettes avec leurs trompes et leurs têtes; du moins dans les passages difficiles et dans les hautes montagnes. Celle de l'étrier consiste en cinquante ou soixante petites pièces de campagne, toutes de bronze, montées chacune sur une petite charrette ornée de peintures et de petites banderoles rouges, et tirées par de fort beaux chevaux, conduits par le canonnier, qui sert de cocher, avec un troisième cheval, que l'aide du canonnier mène en main pour relais. Toutes ces charrettes vont toujours courant, pour se trouver en ordre devant la tente de l'empereur, et pour tirer toutes à la fois au moment qu'il arrive.

Un si grand appareil faisait appréhender qu'au lieu de faire le voyage de Cachemire, il ne fût résolu d'aller assiéger l'importante ville de Kandahar, qui, étant frontière de la Perse, de l'Indoustan et de l'Ousbeck, capitale d'ailleurs très-riche et très-beau pays, a fait de tout temps le sujet des guerres les plus sanglantes entre les Persans et les Mogols. Cependant Bernier, qui n'avait point encore quitté Delhy, ne put différer plus long-temps son départ sans s'exposer à demeurer trop loin de l'armée. Il savait aussi que le nabab Danesch-Mend-Khan l'attendait avec impatience « Ce seigneur, dit-il, ne pouvait non plus se passer de philosopher toute l'après-midi sur les livres de Gassendi et de Descartes, sur le globe, sur la sphère ou sur l'anatomie, que de donner la matinée entière aux grandes affaires de l'empire, en qualité de secrétaire d'état pour les affaires étrangères, et de grand-maître de la cavalerie. »

Bernier s'était fourni pour le voyage de deux bons chevaux tartares, d'un chameau de Perse des plus grands et des plus forts, d'un chamelier et d'un valet d'étable, d'un cuisinier et d'un autre valet, que l'usage du pays oblige de marcher devant son maître avec un flacon d'eau à la main. Il n'avait pas oublié les ustensiles nécessaires, tels qu'une tente d'une médiocre grandeur et un tapis de pied, un petit lit de sangle composé de quatre cannes très-fortes et très-légères, avec un coussin pour la tête ; deux couvertures, dont l'une pliée en quatre sert de matelas, un soufra ou nappe ronde de cuir sur laquelle on mange, quelques serviettes de toile peinte, et trois petits sacs de batterie de cuisine ou de vaisselle qui s'arrange dans un grand sac, comme ce grand sac se met dans un bissac de sangle, qui contient toutes les provisions, le linge et les habits du maître et des valets. Il avait fait aussi sa provision d'excellent riz, dans la crainte de n'en pas toujours trouver d'aussi bon ; de quelques biscuits doux avec du sucre et de l'anis ; d'une poche de toile avec son petit crochet de fer, pour faire égoutter et conserver du *days* ou du lait caillé, et de quantité de limons avec du sucre pour faire de la limonade : car le days et la limonade sont les deux liqueurs qui servent de rafraîchisse-mens aux Indiens. Toutes ces précautions sont d'autant plus nécessaires dans ces voya-ges, qu'on y campe et qu'on y vit à la tartare, sans espérance de trouver d'autres logemens que les tentes. Mais Bernier se consolait par l'idée qu'on devait marcher au nord, et qu'on partait après les pluies, vraie saison pour voyager dans les Indes, sans compter que par la faveur du nabab il était sûr d'obtenir tous les jours un pain frais et de l'eau du Gange, dont ces seigneurs de la cour mè-nent plusieurs chameaux chargés. Ceux qui sont réduits à manger du pain des marchés, qui est fort mal cuit, et à boire de l'eau telle qu'on en rencontre, mêlée de toutes sortes d'ordures que les hommes et les ani-maux y laissent, sont exposés à des maladies dangereuses, qui produisent même une es-pèce de vers aux jambes. Ces vers y causent d'abord une grande inflammation accompa-gnée de fièvre. Quoiqu'ils sortent ordinai-rement à la fin du voyage, il s'en trouve aussi qui demeurent plus d'un an dans la

paie. Leur grosseur est celle d'une chante-
relle de violon ; de sorte qu'on les prendrait
moins pour des vers que pour quelques nerfs.
On s'en délivre comme en Afrique, en les
roulant autour d'un petit morceau de bois
gros comme une épingle, et les tirant de jour
en jour avec beaucoup de précaution, pour
éviter de les rompre.

Quoiqu'on ne compte pas plus de quinze
ou seize journées de Delhy à Lahor, c'est-à-
dire cent vingt de nos lieues, l'empereur
employa près de deux mois à faire cette route.
A la vérité il s'écartait souvent du grand
chemin avec une partie de l'armée pour se
procurer plus facilement le plaisir de la
chasse, et pour la commodité de l'eau. Lorsque ce prince est en marche, il a toujours
deux camps ou deux amas de tentes, qui se
forment et se lèvent alternativement, afin
qu'en sortant de l'un, il en puisse trouver
un autre qui soit prêt à le recevoir. De là leur
vient le nom de *peiche kanés*, qui signifie maisons qui précèdent. Ces deux peiches-kanés
sont à peu près semblables. On emploie,
pour en porter un, plus de soixante éléphans,

de deux cents chameaux et de cent mulets, avec un nombre égal d'hommes. Les éléphans portent les plus pesans fardeaux, tels que les grandes tentes et leurs piliers, qui se démontent en trois pièces. Les chameaux sont pour les moindres tentes, et les mulets pour les bagages et les cuisines. On donne aux portefaix tous les meubles légers et et délicats qui sont sujets à se rompre, comme la porcelaine qui sert à la table impériale, les lits peints et dorés, et les riches *karguaïs*, dont on donnera bientôt la description. L'un de ces deux peiches-kanés n'est pas plus tôt arrivé au lieu marqué pour le camp, que le grand-maître des logis choisit un endroit convenable pour le quartier du roi, en observant néanmoins, autant qu'il est possible, la symétrie et l'ordre qui regarde toute l'armée. Il fait tracer un carré, dont chaque côté a plus de trois cents pas ordinaires de longueur. Cent pionniers nettoient cet espace, l'aplanissent et font des divans de terre, c'est-à-dire des espèces d'estrades carrées sur lesquelles ils dressent les tentes. Ils entourent le carré général de *kanates* ou de paravens de sept ou huit pieds de hauteur, qu'ils affermissent par des cordes attachées à des piquets, et par des perches qu'ils plantent en terre deux à deux, de dix en dix pas, une dehors et l'autre en dedans, les inclinant l'une sur l'autre. Ces kanates sont d'une toile forte, doublée d'indienne ou de toile peinte. Au milieu d'un des côtés du carré est la porte ou l'entrée royale, qui est grande et majestueuse. Les indiennes dont elle est composée, et celles qui forment le dehors de cette face du carré, sont plus belles et plus riches que les autres.

La première et la plus grande des tentes qu'on dresse dans cette enceinte se nomme *amkas*. C'est le lieu où l'empereur et tous les grands de l'armée s'assemblent vers neuf heures du matin, du moins lorsqu'on fait quelque séjour dans un camp ou en campagne même ; car c'est un usage dont les empereurs mogols se dispensent rarement, de se trouver à l'assemblée deux fois par jour, comme dans leur ville capitale, pour régle les affaires de l'état et pour administrer la justice.

La seconde tente, qui n'est pas moins grande que la première, mais qui est un peu plus avancée dans l'enceinte, s'appelle *gosel-kané*, c'est-à-dire lieu pour se laver. C'est là que tous les seigneurs s'assemblent le soir, viennent saluer l'empereur comme dans la capitale. Cette assemblée du soir leur est très-incommode ; mais rien n'est si magnifique pour les spectateurs que de voir dans une nuit obscure, au milieu d'une campagne, entre toutes les tentes d'une armée, de longues files de flambeaux qui conduisent tous les ombras au quartier impérial, ou qui les ramènent à leurs tentes. Ces flambeaux ne sont pas de cire comme les nôtres, mais ils durent très-long-temps. C'est un fer emmanché au bout d'un bâton, au bout duquel on entoure un vieux linge, que le masalk ou le porte-flambeau arrose d'huile de temps en temps ; il tient à la main, pour cet usage, un flacon d'airain ou de fer-blanc, dont le col est fort long et fort étroit.

La troisième tente, plus petite que les deux premières, et plus avancée dans l'enclos, se nomme *kaluet-kané*, c'est-à-dire lieu de retraitre, ou salle du conseil privé, parce qu'on n'y admet que les principaux officiers de l'empire, et qu'on y traitre les affaires de la plus haute importance. Plus loin sont les tentes particulières de l'empereur, entourées de petits kanates de la hauteur d'un homme, et doublées d'indiennes au pinceau, c'est-à-dire de ces belles indiennes de Masulipatan, qui représentent toutes sortes de fleurs; quelques-unes doublées de satin à fleurs avec de grandes franges de soie. Ensuite on trouve les tentes des begums ou des princesses, et des autres dames du sérail, entourées aussi d'eriches kanates, entre lesquelles sont distribuées les tentes des femmes de service, dans l'ordre qui convient a leur emploi.

L'amkas et les cinq ou six principales tentes sont fort élevés, autant pour être vus de loin que pour résister mieux à la chaleur. Le dehors n'est qu'une grosse et forte toile rouge, embellie néanmoins de grandes bandes, taillées de diverses formes assez agréables à la vue; mais le dedans est doublé des plus belles indiennes, ou de quelque beau satin enrichi de broderie de soie, d'or et d'argent, avec de grandes franges. Les piliers qui soutiennent ces tentes sont peints et dorés ; on n'y marche que sur de riches tapis, qui ont par-dessous des matelas de coton épais de trois ou quatre doigts, autour desquels on trouve de grands carreaux de brocart d'or pour s'appuyer. Dans chacune des deux grandes tentes où se tient l'assemblée on élève un théâtre fort riche, où l'empereur donne audience sous un grand dais de velours ou de brocart. On y voit aussi des karguais dressés, c'est-à-dire des cabinets, dont les petites portes se ferment avec des cadenas d'argent. Pour s'en former une idée, Bernier veut qu'on se représente deux petits carrés de nos paravens qu'on aurait posés l'un sur l'autre, et qui seraient proprement attachés avec un lacet de soie qui régnerait alentour; de sorte néanmoins que les extrémités des côtés de celui d'en haut s'inclinassent les unes sur les autres pour former une espèce de petit dôme ou de tabernacle. La seule différence est que tous les côtés des karguais sont d'ais de sapin fort minces et fort légers, peints et dorés par le dehors, enrichis alentour de franges

7

d'or et de soie, et doublés d'écarlate, ou de satin à fleurs, ou de brocart.

Hors du grand carré s'offrent premièrement, des deux côtés de la grande entrée ou de la porte royale, deux jolies tentes, où l'on voit constamment quelques chevaux d'élite, sellés, richement harnachés et prêts à marcher au premier ordre. Des deux côtés de la même porte sont rangées les cinquante ou soixante petites pièces de campagne qui composent l'artillerie de l'étrier, et qui tirent toutes pour saluer l'empereur lorsqu'il entre dans sa tente; au-devant de la porte même, on laisse toujours un espace vide, au fond duquel les timbales et les trompettes sont rassemblées dans une grande tente; à peu de distance on en voit un autre, qui se nomme *tchanki-kané*, où les omhras font la garde à leur tour une fois chaque semaine, pendant vingt-quatre heures. Cependant la plupart font dresser dans le même lieu quelqu'une de leurs propres tentes pour se donner un logement plus commode.

Autour des trois autres côtés du grand carré, on voit toutes les tentes des officiers dans un ordre qui est toujours le même, autant que la disposition du lieu le permet; elles ont leurs noms particuliers, qu'elles tirent de leurs différens usages : l'une est pour les armes de l'empereur, une autre pour les plus riches harnais des chevaux ; une autre pour les vestes de brocart dont l'empereur fait ses présens, etc. On en distingue quatre, proches l'une de l'autre, dont la première est pour les fruits, la seconde pour les confitures, la troisième pour l'eau du Gange et pour le salpêtre qui sert à la rafraîchir, et la quatrième pour le bétel. Ces quatre tentes sont suivies de quinze ou seize autres, qui composent les cuisines et leurs dépendances; d'un autre côté sont celles des eunuques et d'un grand nombre d'officiers, après lesquelles on en trouve quatre ou cinq longues, qui sont pour les chevaux de main, et quantité d'autres pour les éléphans, avec toutes celles qui sont comprises sous le nom de la vénerie; car on porte toujours pour la chasse une quantité d'oiseaux de proie, de chiens, de léopards. On mène par ostentations des lions, des rhinocéros, de grands buffles du Bengale, qui combattent le lion, et des gazelles apprivoisées, qu'on fait battre devant l'empereur. Tous ces animaux ont leurs gouverneurs et leurs retraites. On conçoit aisément que ce grand quartier, qui se trouve toujours au centre de l'armée, doit former un des plus beaux spectacles du monde.

Aussitôt que le grand maréchal des logis a choisi le quartier de l'empereur, et qu'il a fait dresser l'amkas, c'est-à-dire la plus haute de toutes les tentes, sur laquelle il se règle pour le reste de la disposition de l'armée, il marque les bazars, dont le premier et le principal doit former une grande rue droite et un grand chemin libre qui traverse toute l'armée, et toujours aussi droit qu'il est possible vers le camp du lendemain. Tous les autres bazars, qui ne sont ni si longs ni si larges, traversent ordinairement le premier; les uns en-deçà, les autres en-delà du quartier de l'empereur; et tous ces bazars sont marqués par de très-hautes cannes, qui se plantent en terre de trois en trois cents pas, avec des étendards rouges et des queues de vache du Grand-Thibet, qu'on prendrait au sommet de ces cannes pour autant de vieilles perruques. Le grand maréchal règle ensuite la place des ombras, qui gardent toujours le même ordre, à peu de distance, autour du quartier impérial. Leurs quartiers, du moins ceux des principaux, ont beaucoup de ressemblance avec celui de l'empereur, c'est-à-dire qu'ils ont ordinairement deux peiches-kanés, avec un carré de kanates, qui renferme leur principale tente et celle de leurs femmes. Cet espace est environné des tentes de leurs officiers et de leur cavalerie, avec un bazar particulier qui compose une rue de petites tentes pour le peuple qui suit l'armée et qui entretient leur camp de fourrage, de grains, de riz, de beurre et d'autres nécessités. Ces petits bazars épargnent aux officiers l'embarras de recourir continuellement aux bazars impériaux, où tout se trouve avec la même abondance que dans la ville capitale. Chaque petit bazar est marqué, comme les grands, par deux hautes cornes plantées aux deux bouts dont les étendards servent à la distinction des quartiers. Les grands omhras se font un honneur d'avoir des tentes fort élevées ; cependant elles ne doivent pas l'être trop, s'ils ne veulent s'exposer à l'humiliation de les voir renverser par les ordres de l'empereur. Il faut, par la même raison, que les dehors n'en soient pas entièrement rouges, et qu'elles soient tournées vers l'amkas ou le quartier impérial.

Le reste de l'espace qui se trouve entre le quartier de l'empereur, ceux des ombras et les bazars, est occupé par les mansebdars ou les petits omhras, par une multitude de marchands qui suivent l'armée, par les gens d'affaires et de justice ; enfin par tous les officiers supérieurs ou subalternes qui appartiennent à l'artillerie. Quoique cette description donne l'idée d'un prodigieux nombre de tentes, qui demandent par conséquent une vaste étendue de pays, Bernier se figure qu'un pareil camp formé dans quelque belle campagne, où, suivant le plan ordinaire, sa forme serait à peu près ronde, comme il le vit plusieurs fois dans cette route ; n'aurait pas plus de deux lieues ou deux lieues et demie de circuit, encore s'y trouverait-il divers endroits

vides; mais il faut observer que la grosse artillerie, qui occupe un grand espace, précède
souvent d'un jour ou deux.

Quoique les étendards de chaque quartier,
qui se voient de fort loin et qu'on distingue
facilement, servent de guides à ceux pour qui
cet ordre est familier, Bernier fait une peinture singulière de la confusion qui règne dans
le camp. « Toutes ces marques, dit-il, n'em-
pêchent pas qu'on ne se trouve quelquefois
fort embarrassé, et même en plein jour, mais
surtout le matin, lorsque tout le monde arrive
et que chacun cherche à se placer. Il s'élève
souvent une si grande poussière, qu'on ne
peut découvrir le quartier de l'empereur, les
étendards des bazars et les tentes des ombras,
sur lesquelles on est accoutumé à se régler.
On se trouve pris entre les tentes qu'on dresse, ou entre les cordes que les moindres
ombras qui n'ont pas de peiche-kanés, et les
manscbdars, tendent pour marquer leurs logemens, et pour empêcher qu'il ne se fasse
un chemin près d'eux, ou que des inconnus
ne viennent se placer proche de leurs tentes,
dans lesquelles ils ont quelquefois leurs fem-

mes. Si l'on cherche un passage, on le trouve fermé de ces cordes tendues, qu'un tas de valets armés de gros bâtons refusent d'abaisser ; si l'on veut retourner sur ses pas, le chemin par lequel on est venu est déjà bouché. C'est là qu'il faut crier, faire entendre ses prières ou ses injures, feindre de vouloir donner des coups et s'en bien garder ; laisser aux valets le soin de quereller ensemble et prendre celui de les accorder ; enfin se donner toutes les peines imaginables pour se tirer d'embarras et pour faire passer ses chameaux ; mais la plus insurmontable de toutes les difficultés, est pour aller le soir dans quelque endroit un peu éloigné, parce que les puantes fumées du bois vert et de la fiente des animaux, dont le peuple se sert pour la cuisine, forment un brouillard si épais, qu'on ne distingue rien. Je m'y suis trouvé pris trois ou quatre fois jusqu'à ne savoir que devenir. En vain demandais-je le chemin ; je ne pouvais le continuer dix pas de suite, et je ne faisais que tourner. Une fois, particulièrement, je me vis contraint d'attendre que la lune fût levée pour m'éclairer ; une autre fois je fus obligé de gaguer l'*agacy-dié*, de me coucher au pied et d'y passer la nuit, mon cheval et mon valet près de moi. L'agacy-dié est un grand mât fort menu, qu'on plante vers le quartier de l'empereur, proche d'une tente qui s'appelle *nagor-kané*, et sur lequel on élève le soir une lanterne qui demeure allumée toute la nuit : invention fort commode, parce qu'on la voit de loin, et que, se rendant au pied du mât lorsqu'on est égaré, on peut reprendre de là les bazars, et demander le chemin. On est libre aussi d'y passer la nuit, sans y appréhender les voleurs. »

Pour arrêter les vols, chaque ombra doit faire garder son camp pendant toute la nuit par des gens armés qui en font continuellement le tour en criant *kaber-dar*, c'est-à-dire qu'on prenne garde à soi ; d'ailleurs on pose autour de l'armée, de distance en distance, des gardes régulières qui entretiennent du feu, et qui font entendre le même cri. Le katoual, qui est comme le grand-prévôt, envoie pendant toute la nuit, dans l'intérieur du camp, des troupes dont il est le chef, qui parcourent les bazars en criant et sonnant de la trompette ; ce qui n'empêche pas qu'il n'arrive toujours quelque désordre.

L'empereur Aureng-Zeb se faisait porter, pendant sa marche, sur les épaules de huit hommes, dans un *tactravan*, qui est une espèce de trône où il était assis. Cette voiture, que Bernier appelle un trône de campagne, est un magnifique tabernacle peint et doré, qui se ferme avec des vitres. Les quatre branches du brancard étaient couvertes d'écarlate ou de brocart, avec des grandes franges d'or et de soie, et chaque branche était soutenue par deux porteurs très-robustes richement vêtus, que d'autres suivaient pour les relayer. Aureng-Zeb montait quelquefois à cheval, surtout lorsque le jour était beau pour la chasse ; il montait aussi quelquefois sur un éléphant, en *mickdember* ou en *hauze*. C'est la monture la plus superbe et la plus éclatante ; car l'éléphant impérial est toujours couvert d'un magnifique harnais. Le mickdember est une petite tour carrée, dont la peinture et la dorure font tout l'ornement. Le hauze est un siége ovale, avec un dais à piliers. Dans ces diverses marches, l'empereur était toujours accompagné d'un grand nombre de radjas et d'omhras, qui le suivaient immédiatement à cheval, mais en gros et sans beaucoup d'ordre. Cette manière de faire leur cour parut fort gênante à Bernier, particulièrement les jours de chasse, où ils étaient exposés, comme de simples soldats, aux incommodités du soleil et de la poussière. Ceux qui pouvaient se dispenser de suivre l'empereur, étaient fort à leur aise dans des palekis bien fermés, où ils pouvaient dormir comme dans un lit ; ils arrivaient de bonne heure à leurs tentes, qui les attendaient avec toutes sortes de commodités.

Autour des omhras du cortége, et même entre eux, on voyait toujours quantité de cavaliers bien montés qui portaient une espèce de massue ou de masse d'armes d'argent. On en voyait aussi sur les ailes, qui précédaient la personne de l'empereur avec plusieurs valets de pieds. Ces cavaliers, qui se nomment *gouzeberdars*, sont des gens choisis pour la taille et la bonne mine, dont l'emploi est de porter les ordres et de faire écarter le peuple.

Après les radjas, on voyait marcher avec un mélange de timbales et de trompettes ce qu'on nomme le *coursi*. C'est un grand nombre de figures d'argent qui représentent des animaux étrangers, des mains, des balances, des poissons et d'autres objets mystérieux qu'on porte sur le bout de certains grands bâtons d'argent. Le coursi était suivi d'un gros de mansebdars ou de petits omhras, beaucoup plus nombreux que celui des omhras.

Les princesses et les principales dames du sérail se faisaient porter aussi dans différentes sortes de voitures ; les unes, comme l'empereur, sur les épaules de plusieurs hommes, dans un tchaudoul, qui est une espèce de tactravan peint et doré, couvert d'un magnifique rets de soie de diverses couleurs, enrichi de broderie, de franges et de grosses houppes pendantes ; les autres, dans des palekis de la même richesse ; quelques-unes dans de grandes et larges litières portées par deux puissans chameaux ou par deux petits éléphans au lieu de mules. Bernier vit marcher ainsi Rauchenara-Begum. Il remarqua un jour, sur le devant de sa litière qui était ouvert, une petite esclave bien vêtue qui éloignait d'elle les mouches et la poussière, avec une queue de paon qu'elle tenait à la main. D'autres se font porter sur le dos d'éléphans richement équipés, avec des couvertures en broderiet et de grosses sonnettes d'argent. Elles y sont comme élevées en l'air, assises quatre à quatre dans des mickdembers à treillis, qui sont toujours couverts d'un rets de soie, et qui n'ont pas moins d'éclat que les tchaudouls et les tactravans.

Bernier parle avec admiration de cette pompeuse marche du sérail. Dans ce voyage, il prit quelquefois plaisir à voir Rauchenara-Begum marcher la première, montée sur un grand éléphant de Pégou, dans un mickdember éclatant d'or et d'azur, suivie de cinq ou six autres éléphans, avec des mickdembers presque aussi riches que le sien, pleins des principales femmes de sa maison; quelques eunuques richement vêtus et montés sur des chevaux de grand prix, marchant à ses côtés la canne à la main; une troupe de servantes tartares et cachemiriennes autour d'elle, parées bizarrement et montées sur de belles haquenées ; enfin plusieurs autres eunuques à cheval, accompagnés d'un grand nombre de valets de pied qui portaient de grands bâtons pour écarter les curieux. Après la princesse Rauchenara, on voyait paraître une des principales dames de la cour dans un équipage proportionné à son rang. Celle-ci était suivie de plusieurs autres, jusqu'à quinze ou seize, toutes montées avec plus ou moins de magnificence, suivant leurs fonctions et leurs appointemens. Cette longue file d'éléphans, dont le nombre était quelquefois de soixante, qui marchaient à pas comptés, avec tout ce cortége et ces pompeux ornemens, avait quelque chose de si noble et de si relevé, que, si Bernier n'eût appelé sa philosophie à son secours, il serait tombé, dit-il, « dans l'extravagante opinion de la plupart des poètes indiens, qui veulent que tous ces éléphans portent autant de déesses cachées. » Il ajoute qu'effectivement elles sont presque inaccessibles aux yeux des hommes, et que le plus grand malheur d'un cavalier, quel qu'il puisse être, serait de se trouver trop prêt d'elles. Cette insolente canaille d'eunuques et de valets ne cherche que l'occasiou et quelque prétexte pour exercer leurs cannes. « Je me souviens, ajoute Bernier, d'y avoir été malheureusement surpris; et je n'aurais pas évité les plus mauvais traitemens, si je ne m'étais déterminé à m'ouvrir un passage l'épée à la main plutôt que de me laisser estropier par ces misérables, comme ils commençaient à s'y disposer. Mon cheval, qui était excellent, me tira de la presse, et je le poussai ensuite au travers d'un torrent que je passai avec le même bonheur. Aussi les Mogols disent-ils, comme en proverbe, qu'il faut se garder surtout de trois choses : la première, de s'engager entre les troupes des chevaux d'élite qu'on mène en main, parce que les coups de pieds n'y manquent pas ; la seconde, de se trouver dans les lieux où l'empereur s'exerce à la chasse ; et la troisième, d'approcher trop des femmes du sérail. »

A l'égard des chasses du grand-mogol, Bernier avait eu peine à s'imaginer, comme il l'avait souvent entendu dire, que ce monarque prît cet amusement à la tête de cent mille hommes. Mais il comprit dans sa route qu'il en aurait pu mener deux cent mille. Aux environs d'Agra et de Delhy, le long du fleuve Djemna, jusqu'aux monta-tagnes, et même des deux côtés du grand chemin qui conduit à Lahor, on rencontre quantité de terres incultes, les unes en bois taillis, les autres couvertes de grandes her-bes de la hauteur d'un homme, et davan-tage. Tous ces lieux ont des gardes qui ne permettent la chasse à personne, excepté celle des lièvres et des cailles, que les In-diens savent prendre au filet. Il s'y trouve par conséquent une très-grande abondance de toutes sortes de gibier. Le grand-maître des chasses, qui suit toujours l'empereur, est averti des endroits qui en contiennent la plus. On les borde de gardes dans une étendue de quatre ou cinq lieues de pays, et l'empe-reur entre dans ces enceintes avec le nom-bre de chasseurs qu'il veut avoir à sa suite, tandis que l'armée passe tranquillement sans prendre aucune part à ses plaisirs.

Bernier fut témoin d'une chasse curieuse,

qui est celle des gazelles avec des léopards apprivoisés. Il se trouve dans l'Inde quantité de ces animaux, qui ressemblent beaucoup à nos faons. Ils vont ordinairement par troupes séparées les unes des autres ; et chaque troupe, qui n'est jamais que de cinq ou six, est suivie d'un mâle seul, qu'on distingue à sa couleur. Lorsqu'on a découvert une troupe de gazelles, on tâche de les faire apercevoir au léopard, qu'on tient enchaîné sur une petite charrette. On le délie, et cet animal rusé ne se livre pas d'abord à l'ardeur de les poursuivre. Il tourne, il se cache, il se courbe pour en approcher et pour les surprendre. Comme sa légèreté est incroyable, il s'élance dessus lorsqu'il en est à portée, les étrangle et se rassasie de leur sang. S'il manque son coup, ce qui arrive assez souvent, il ne fait plus aucun mouvement pour recommencer la chasse ; et Bernier croit qu'il prendrait une peine inutile, parce que les gazelles courent plus vite et plus long-temps que lui. Le maître ou le gouverneur s'approche doucement de lui, le flatte, lui jette des morceaux de chair ; et saisissant un moment pour lui jeter ce que Bernier nomme des lunettes qui lui couvrent les yeux, il l'enchaîne et le remet sur sa charrette.

La chasse des nilgauts parut moins curieuse à Bernier. On enferme ces animaux dans de grands filets qu'on resserre peu à peu, et lorsqu'ils sont réduits dans une petite enceinte, l'empereur et les omhras entrent avec les chasseurs, et les tuent sans peine et sans danger à coups de flèches, de demi-piques, de sabres et de mousquetons; et quelquefois en si grand nombre, que l'empereur en distribue des quartiers à tous les omhras. La chasse des grues a quelque chose de plus amusant. Il y a du plaisir à leur voir employer toutes leurs forces pour se défendre en l'air contre les oiseaux de proie. Elles en tuent quelquefois; mais comme elles manquent d'adresse pour se tourner, ces oiseaux chasseurs en triomphent à la fin.

De toutes ces chasses, Bernier trouva celle du lion la plus curieuse et la plus noble. Elle est réservée à l'empereur et aux princes de son sang. Lorsque ce monarque est en campagne, si les gardes des chasses découvrent la retraite d'un lion, ils attachent dans le lieu voisin un âne, que le lion ne manque pas de venir dévorer ; après quoi, sans chercher d'autre proie, il va boire, et revient dormir dans son gîte ordinaire jusqu'au lendemain, qu'on lui fait trouver un autre âne attaché comme le jour précédent. On l'appâte ainsi pendant plusieurs jours. Enfin, lorsque sa majesté s'approche, on attache un âne au même endroit, et là, on lui fait avaler quantité d'opium, afin que sa chair puisse assoupir le lion. Les gardes, avec tous les paysans des villages voisins, tendent de vastes filets qu'ils resserrent par degrés. L'empereur, monté sur un éléphant bardé de fer, accompagné du grand maître, de quelques ombras, montés ainsi sur des éléphans, d'un grand nombre de gouzebersdars à cheval, et de plusieurs gardes des chasses armés de demi-piques, s'approche du dehors des filets, et tire le lion. Ce fier animal qui se sent blessé, ne manque pas d'aller droit à l'éléphant ; mais il rencontre les filets qui l'arrêtent : et l'empereur le tire tant de fois, qu'à la fin il le tue. Cependant Bernier en vit un dans la dernière chasse qui sauta par-dessus les filets, et qui se jeta vers un cavalier dont il tua le cheval. Les chasseurs n'eurent pas peu de peine à le faire rentrer dans les filets.

Cette chasse jeta toute l'armée dans un terrible embarras. Bernier raconte qu'on fut trois ou quatre jours à se dégager des torrens qui descendent des montagnes entre les bois, et de grandes herbes où les chameaux ne paraissaient presque point. « Heureux, dit-il, ceux qui avaient fait quelques provisions, car tout était en désordre! Les bazars n'avaient pu s'établir. Les villages étaient éloignés. Une raison singulière arrêtait l'armée : c'était la crainte que le lion ne fût échappé aux armes de l'empereur. Comme c'est un heureux augure qu'il tue un lion, c'en est un très-mauvais qu'il le manque. On croirait l'état en danger. Aussi le succès de cette chasse est-il accompagné de plusieurs grandes cérémonies. On apporte le lion mort devant l'empereur dans l'assemblée générale des omhras ; on l'examine ; on le mesure ; on écrit dans les archives de l'empire que tel jour tel empereur tua un lion de telle grandeur et de tel poil : on n'oublie pas la mesure de ses dents et de ses griffes, ni les moindres circonstances d'un si grand événement. » A l'égard de l'opium qu'on fait manger à l'âne, Bernier ajoute qu'ayant consulté là-dessus un des premiers chasseurs, il apprit de lui que c'était une fable populaire, et qu'un lion bien rassasié n'a pas besoin de secours pour s'endormir.

Outre l'embarras des chasses, la marche était quelquefois retardée par le passage des grandes rivières, qui sont ordinairement sans ponts. On était obligé de faire plusieurs ponts de bateaux éloignés de deux ou trois cents pas l'un de l'autre. Les Mogols ont l'art de les bien lier et de les affermir. Ils les couvrent d'un mélange de terre et de paille qui empêche les animaux de glisser. Le péril n'est qu'à l'entrée et à la sortie, parce qu'outre la presse et la confusion, il s'y fait souvent des fosses où les chevaux et les bœufs tombent les uns sur les autres avec un désordre incroyable. L'empereur ne campa alors qu'à une demi-lieue du pont, et s'arrêta un jour ou deux pour laisser à l'armée le temps de passer plus à l'aise. Il n'était pas aisé de juger de combien d'hommes elle était composée. Bernier croit en général que, soit gens de guerre ou de suite, il n'y avait pas moins de cent mille cavaliers ; qu'il y avait plus de cent cinquante mille chevaux, mules ou éléphans, près de cinquante mille chameaux, et presque autant de bœufs et de bidets qui servent à porter les provisions des bazars, avec les femmes et les enfans ; car les Mogols ont conservé l'usage tartare de traîner tout avec eux. Si l'on y joint le compte des gens de service dans un pays où rien ne se fait qu'à force de valets, et où Bernier même, qui ne tenait rang que de cavalier à deux chevaux, avait trois domestiques à ses gages, on sera porté à croire que l'armée ne contenait pas moins de trois à quatre cent mille personnes. Il faudrait les avoir comptés, dit Bernier ; mais, après avoir assuré que le nombre était prodigieux et presque incroyable, il ajoute, pour diminuer l'étonnement, que c'était la ville de Delhy entière, parce que tous les habitans de cette capitale, ne vivant que de la cour et de l'armée, seraient exposés à mourir de faim, s'ils ne suivaient pas l'empereur, surtout dans ses longs voyages.

Si l'on demande comment une armée si nombreuse peut subsister, Bernier répond que les Indiens sont fort sobres, et que de cette multitude de cavaliers, il ne faut pas compter plus de la vingtième partie qui mange de la viande pendant la marche. Le kicheri, qui est un mélange de riz et de légumes, sur lesquels on verse du beurre roux après les avoir fait cuire, est la nourriture ordinaire des Mogols. A l'égard des animaux, on sait que les chameaux résistent au travail, à la faim, à la soif, qu'ils vivent de peu, et qu'ils mangent de tout. Aussitôt qu'une armée arrive, ou les mène brouter dans les champs, où ils se nourrissent de tout ce qu'ils peuvent trouver. D'ailleurs les mêmes marchands qui entretiennent les bazars à Delhy sont obligés de les entretenir en campagne. Enfin la plus basse partie du peuple rôde sans cesse dans les villages voisins du camp pour acheter du fourrage, sur lequel elle trouve quelque chose à gagner. Les plus pauvres raclent avec une espèce de truelle les campagnes entières, pour en enlever les petites herbes, qu'ils lavent soigneusement, et qu'ils vendent quelquefois assez cher.

Bernier s'excuse de n'avoir pas marqué les villes et les bourgades qui sont entre Delhy et Lahor; il n'en vit presque point. Il marchait presque toujours au travers des champs et pendant la nuit. Comme son logement n'était pas au milieu de l'armée, où le grand chemin passe souvent, mais fort avant dans l'aile droite, il suivait la vue des étoiles pour s'y rendre, au hasard de se trouver quelquefois fort embarrassé, et de faire cinq ou six lieues, quoique la distance d'un camp à l'autre ne soit ordinairement que de trois ou quatre; mais l'arrivée du jour finissait son embarras.

En arrivant à Lahor, il apprit que le pays, dont cette ville est la capitale, se nomme *Pendjab*, c'est-à dire pays des cinq eaux, parce qu'effectivement il est arrosé par cinq rivières considérables, qui, descendant des grandes montagnes dont le pays de Cachemire est environné, vont se joindre à l'Indus et se jeter avec lui dans l'Océan. Quelques-uns prétendent que Lahor est l'ancienne Bucéphalie, bâtie par Alexandre-le-Grand, en l'honneur d'un cheval qu'il aimait. Les Mogols connaissent ce conquérant sous le nom de *Secander-Filifous*, qui signifie *Alexandre, fils de Philippe*; mais ils ignorent le nom de son cheval. La ville est bâtie sur une des cinq rivières, qui n'est pas moins grande que la Loire, et pour laquelle on aurait besoin d'une levée, parce que, dans ses débordemens, elle change souvent de lit et cause de grands dégâts. Depuis quelques années, elle s'était retirée de Lahor d'un grand quart de lieue. Les maisons de cette ville sont beaucoup plus grandes que celles de Delhy et d'Agra ; mais, dans l'absence de la cour, qui n'avait pas fait ce voyage depuis plus de vingt ans, la plupart étaient tombées en ruine. Il ne restait que cinq ou six rues considérables, dont deux ou trois avaient plus d'une grande lieue de longueur, et dans lesquelles on voyait aussi une quantité d'édifices en ruine. Le palais impérial n'était plus sur le bord de la rivière. Bernier le trouva magnifique, quoique fort inférieur à ceux d'Agra et de Delhy.

L'empereur s'y arrêta plus de deux mois pour attendre la fonte des neiges, qui bouchaient le passage des montagnes. On engagea Bernier à se fournir d'une petite tente cachemirienne. La sienne était grande et pesante, et ses chameaux ne pouvant passer les montagnes, il aurait été obligé de la faire porter par des crocheteurs, avec beaucoup d'embarras et de dépense. Il se flattait qu'après avoir surmonté les chaleurs de Moka et de Babel-Mandel, il serait capable de braver celles du reste de la terre; mais ce n'est pas sans raison, comme il l'apprit bientôt par expérience, que les Indiens même appréhendent les onze ou douze jours de marche que l'on compte de Lahor à Bember, c'est-à-dire jusqu'à l'entrée des montagnes de Cachemire. Cet excès de chaleur vient, dit-il, de la situation de ces montagnes, qui, se trouvant au nord de la route, arrêtent les vents frais, réfléchissent les rayons du soleil sur les voyageurs, et laissent dans la campagne une ardeur brûlante. En raisonnant sur la cause du mal, il s'écriait dès le quatrième jour : « Que me sert de philoso- » pher et de chercher des raisons de ce qui » me tuera peut-être demain ? »

Le cinquième jour, il passa un des grands fleuves de l'Inde, qui se nomme *le Tchenáb*. L'eau en est si bonne, que les ombras en font charger leurs chameaux, au lieu de celle du Gange, dont ils boivent jusqu'à ce lieu; mais elle n'eut pas le pouvoir de garantir Bernier des incommodités de la route. Il en fait une peinture effrayante. Le soleil était insuppor- table dès le premier moment de son lever : on n'apercevait pas un nuage; on ne sentait pas un souffle de vent; les chameaux, qui n'a- vaient pas vu d'herbe verte depuis Lahor, pouvaient à peine se traîner. Les Indiens, avec leur peau noire, sèche et dure, man- quaient de force et d'haleine; on en trouvait de morts en chemin; le visage de Bernier, ses mains et ses pieds étaient pelés; tout son corps était couvert de petites pustules rouges qui le piquaient comme des aiguilles; il doutait, le dixième jour de la marche, s'il serait vi- vant le soir; toute son espérance était dans un peu de lait caillé sec, qu'il délayait dans l'eau avec un peu de sucre, et quatre ou cinq citrons qui lui restaient pour faire de la limonade.

Il arriva néanmoins la nuit du douzième jour, au pied d'une montagne escarpée, noire et brûlante, où Bembar est situé. Le camp fut assis dans le lit d'un large torrent à sec, rempli de cailloux et de sable : c'était une vraie fournaise ardente ; mais une pluie d'orage qui tomba le matin vint rafraîchir l'air. L'empereur, n'ayant pu prévoir ce soulagement, était parti pendant la nuit avec une partie de ses femmes et de ses principaux officiers. Dans la crainte d'affamer le petit royaume de Cachemire, il n'avait voulu mener avec lui que ses principales femmes et les meilleures amies de Rauchenara-Begum, avec aussi peu d'ombras et de milice qu'il était possible. Les ombras qui eurent la permission de le suivre ne prirent que le quart de leurs cavaliers : le nombre des éléphans fut borné. Ces animaux, quoique extrêmement lourds, ont le pied ferme. Ils marchent comme à tâtons dans les passages dangereux, et s'assurent toujours d'un pied avant de remuer l'autre. On mena aussi quelques mulets ; mais on fut obligé de supprimer tous les chameaux, dont le secours aurait été le plus nécessaire. Leurs jambes longues et raides ne peuvent se soutenir dans l'embarras des montagnes. On fut obligé d'y suppléer par un grand nombre de portefaix, que les gouverneurs et les radjas d'alentour avaient pris soin de rassembler, et l'ordonnance impériale leur assignait à chacun dix écus pour cent livres pesant. On en comptait plus de trente mille , quoiqu'il y eût déjà plus d'un mois que l'empereur et les omhras s'étaient fait précéder d'une partie du bagage et des marchands. Les seigneurs nommés pour le voyage avaient ordre de partir chacun à leur tour, comme le seul moyen d'éviter la confusion pendant cinq jours de cette dangereuse marche, et tout le reste de la cour, avec l'artillerie et la plus grande partie des troupes, devaient passer trois ou quatre mois comme en garnison dans le camp de Bember, jusqu'au retour du monarque , qui se proposait d'attendre la fin des chaleurs.

Le rang de Danech-Mend-Khan étant marqué pour la nuit suivante, Bernier partit à sa suite. Il n'eut pas plus tôt monté ce qu'il appelle *l'affreuse muraille haute escarpée du monde*, c'est-à-dire une haute montagne noire et pelée, qu'en descendant de l'autre côté, il sentit un air plus frais, plus doux et plus tempéré. Mais rien ne le surprit tant dans ces montagnes que de se trouver tout d'un coup comme transporté des Indes en Europe. En voyant la terre couverte de toutes nos plantes et de tous nos arbrisseaux, à l'exception néanmoins de l'hysope, du thym, de la marjolaine et du romarin, il se crut dans certaines montagnes d'Auvergne, au milieu d'une forêt de sapins, de chênes verts, d'ormeaux, de platanes ; et son admiration était d'autant plus vive, qu'en sortant des campagnes brûlantes de l'Indoûstan, il n'avait rien aperçu qui l'eût préparé à cette métamorphose.

Il admira particulièrement, à une journée et demie de Bember, une montagne qui n'offrait que des plantes sur ses deux faces, avec cette différence qu'au midi, vers les Indes,

c'était un mélange de plantes indiennes et
européennes; au lieu que du côté exposé au
nord il n'en découvrit que d'européennes ,
comme si la première face eût également
participé de la température des deux climats,
et que celle du nord eût été tout européen-
ne. A l'égard des arbres, il observa continuellement une suite naturelle de généra-
tions et de corruptions. Dans des précipices
où jamais homme n'était descendu, il en
voyait plusieurs qui tombaient ou qui étaient
déjà tombés les uns sur les autres morts , à
demi pourris de vieillesse, et d'autres jeunes
et frais qui renaissaient de leur pied. Il en
voyait même quelques-uns de brûlés, soit
qu'ils eussent été frappés de la foudre , ou
que, dans le cœur de l'été, ils se fussent en-
flammés par leur frottement mutuel, étant
agités par quelque vent chaud et furieux, soit
que, suivant l'opinion des habitans, le feu
prenne de lui-même au tronc, lorsqu'à force
de vieillesse il devient fort sec. Bernier ne
cessait d'attacher les yeux sur les cascades
naturelles qu'il découvrait entre les rochers.
Il en vit une à laquelle, dit-il, il n'y a rien

de comparable au monde. On aperçoit de loin, du penchant d'une haute montagne, un torrent d'eau qui descend par un long canal sombre et couvert d'arbres, et qui se précipite tout d'un coup, avec un bruit épouvantable, en bas d'un rocher droit, escarpé et d'une hauteur prodigieuse. Assez près, sur un autre rocher que l'empereur Djehan-Ghir avait fait aplanir exprès, on voyait un grand théâtre tout dressé, où la cour pouvait s'arrêter en passant pour considérer à loisir ce merveilleux ouvrage de la nature.

Ces amusemens furent mêlés d'un accident fort étrange. Le jour où l'empereur monta le Pirc-Pendjal, qui est la plus haute de toutes ces montagnes, et d'où l'on commence à découvrir dans l'éloignement le pays de Cachemire, un des éléphans qui portaient les femmes dans des mickdembers et des embarys, fut saisi de peur, et se mit à reculer sur celui qui le suivait. Le second recula sur l'autre, et successivement toute la file, qui était de quinze. Comme il leur était impossible de tourner dans un chemin raide et fort étroit, ils culbutèrent tous au fond d'un précipice, qui n'était pas heureusement des plus profonds et des plus escarpés. Il n'y eut que trois ou quatre femmes de tuées ; mais tous les éléphans y périrent. Bernier, qui suivait à deux journées de distance, les vit en passant, et crut en remarquer plusieurs qui remuaient encore leur trompe. Ce désastre jeta beaucoup de désordre dans toute l'armée ; qui marchait en file sur le penchant des montagnes, par des sentiers fort dangereux. On fit faire halte le reste du jour et toute la nuit, pour se donner le temps de retirer les femmes et tous les débris de leur chute. Chacun fut obligé de s'arrêter dans le lieu où il se trouvait, parce qu'il était en plusieurs endroits impossible d'avancer ni de reculer. D'ailleurs personne n'avait près de soi ses portefaix ; avec sa tente et ses vivres. Bernier ne fut pas le plus malheureux. Il trouva le moyen de grimper hors du chemin, et d'y arranger un petit espace commode pour y passer la nuit avec son cheval. Un de ses valets, qui le suivit, avait un peu de pain, qu'ils partagèrent ensemble. En remuant quelques pierres dans ce lieu, ils trouvèrent un gros scorpion noir, qu'un jeune Mogol prit dans sa main, et pressa sans en être piqué. Bernier eut la même hardiesse, sur la parole de ce jeune homme qui était de ses amis, et qui se vantait d'avoir charmé le scorpion par un passage de l'Alcoran. Il n'est pourtant guère probable que le philosophe Bernier comptât beaucoup sur un passage de l'Alcoran. Quoi qu'il en soit, le jeune homme ne voulut pas enseigner à Bernier le passage de l'Alcoran, parce que la puissance de charmer passerait, disait-il, à celui auquel il le dirait, comme elle lui avait passé en quittant celui qui le lui avait appris.

En traversant la montagne de Pire-Penjal, trois choses, dit-il, lui rappelèrent ses idées philosophiques. Premièrement, en moins d'une heure il éprouva l'hiver et l'été. Après avoir sué à grosses gouttes pour monter par des chemins où tout le monde était forcé de marcher à pied et sous un soleil brûlant, il trouva au sommet de la montagne des neiges glacées, au travers desquelles on avait ouvert un chemin. Il tombait un verglas fort épais, et il soufflait un vent si froid, que la plupart des Indiens,

qui n'avaient jamais vu de glace ni de neige,
ni senti un air si glacial, couraient en trem-
blant pour arriver dans un air plus chaud.
En second lieu, Bernier rencontra, en moins
de deux cents pas, deux vents absolument
opposés : l'un du nord, qui lui frappait le
visage en montant, surtout lorsqu'il arriva
proche du sommet ; l'autre du midi, qui lui
donnait à dos en descendant, comme si des
exhalaisons de cette montagne il s'était formé un vent qui acquérait des qualités différentes en prenant son cours dans les deux
vallons opposés.

La troisième rencontre de Bernier fut celle
d'un vieil ermite, qui vivait sur le sommet
de la montagne depuis le temps de Djehan-
Ghir. On ignorait sa religion, quoiqu'on lui
attribuât des miracles, tels que de faire ton-
ner à son gré, et d'exciter des orages de
grêle, de pluie, de neige et de vent. Sa figure avait quelque chose de sauvage ; sa barbe était longue, blanche et mal peignée. Il
demanda fièrement l'aumône ; mais il laissait
prendre de l'eau dans des tasses de terre
qu'il avait rangées sur une grande pierre. Il

faisait signe de la main qu'on passât vite sans s'arrêter, et grondait contre ceux qui faisaient du bruit. Bernier, qui eut la curiosité d'entrer dans sa caverne, après lui avoir adouci le visage par un présent d'une demi-roupie, lui demanda ce qui lui causait tant d'aversion pour le bruit. Sa réponse fut que le bruit excitait de furieuses tempêtes autour de la montagne; qu'Aureng-Zeb avait été fort sage de suivre son conseil; que Schan-Djehan en avait toujours usé de même; et que Djehan-Ghir, pour s'être une fois moqué de ses avis, et n'avoir pas craint de faire sonner les trompettes et donner des timbales, avait failli périr avec son armée.

On lit dans l'histoire de anciens rois de Cachemire que tout ce pays n'était autrefois qu'un grand lac, et qu'un saint vieillard, nommé *Kacheb*, donna une issue miraculeuse aux eaux en coupant une montagne qui se nomme *Baramoulé*. Bernier n'eut pas de peine à croire que cet espace avait été autrefois couvert d'eau, comme on le rapporte de la Thessalie et de quelques autres pays ;

mais il ne put se persuader que l'ouverture
de Baramoulé fût l'ouvrage des hommes,
parce que cette montagne est très-haute et
très-large, il se figura plus volontiers que les
tremblemens de terre, auxquels ces régions
sont assez sujettes, peuvent avoir ouvert
quelque caverne souterraine, où la montagne
s'est enfoncée d'elle-même. C'est ainsi que,
suivant l'opinion des Arabes, le détroit de
Bahel-Mandel s'est anciennement ouvert, et
qu'on a vu des montagnes et des villes s'a-
bîmer dans de grands lacs.

Quelque jugement qu'on en porte, Cachemire ne conserve plus aucune apparence de
lac; c'est une très-belle campagne, diversi-
fiée d'un grand nombre de petites collines,
et qui n'a pas moins de trente lieues de long
sur dix ou douze de largeur; elle est située
à l'extrémité de l'Indoustan, au nord de
Labor, et véritablement enclavée dans le
fond des montagnes du Caucase indien, entre celles du grand et du petit Thibet, et
celles du pays de Radja-Gamon. Les premières montagnes qui la bordent, c'est-à-dire
celles qui touchent à la plaine, sont de mé-

diocre hauteur ; revêtues d'arbres ou de pâturages, remplies de toutes sortes de bes-
tiaux, tels que des vaches, des brebis, des
chèvres et des chevaux. Il y a plusieurs espèces de gibiers, telles que des lièvres, des
perdrix, des gazelles, et quelques-uns de ces
animaux qui portent le musc; on y voit aussi
des abeilles en très-grande quantité. Mais,
ce qui est très-rare dans les Indes, on n'y
trouve presque jamais de serpens, de tigres, d'ours, ni de lions; d'où Bernier con-
clut qu'on peut les nommer « des montagnes innocentes, et découlantes de lait et
de miel, comme celles de la terre de pro-
mission. »

Au delà de ces premières montagnes, il
s'en élève d'autres très-hautes, dont le sommet est toujours couvert de neige, ne cesse
jamais d'être tranquille et lumineux, et s'é-
lève au-dessus de la région des nuages et des
brouillards. De toutes ces montagnes, il
sort de toutes parts une infinité de sources et
de ruisseaux que les habitans ont l'art de
distribuer dans leurs champs de riz, et de
conduire même par de grandes levées de

terres sur les petites collines. Ces belles
eaux, après avoir formé une multitude d'autres ruisseaux et d'agréables cascades, se
rassemblent enfin et composent une rivière
de la grandeur de la Seine, qui tourne doucement autour du royaume, traverse la ville
capitale, et va trouver sa sortie à Baramoulé,
entre deux rochers escarpés, pour se jeter
au delà au travers des précipices, se charger, en passant, de plusieurs petites rivières qui descendent des montagnes, et se
rendre vers Atock dans le fleuve Indus.

Tant de ruisseaux qui sortent des montagnes répandent dans les champs et sur les
collines une fertilité admirable, qui les ferait prendre pour un grand jardin verdoyant
mêlé de bourgs et de villages, dont on découvre un grand nombre entre les arbres,
varié par de petites prairies, par des pièces
de riz, de froment, de chanvre, de safran
et de diverses sortes de légumes, et entre-
coupé de canaux de toutes sortes de formes.
Un Européen y reconnaît partout les plantes, les fleurs et les arbres de notre climat,
des pommiers, des pruniers, des abrico-

tiers, des noyers et des vignes chargés de leurs fruits. Les jardins particuliers sont remplis de melons, de patèsques ou melons d'eau, de chervis, de betteraves, de raiforts, de la plupart de nos herbes potagères, et de quelques-unes qui manquent à l'Europe. A la vérité Bernier n'y vit pas tant d'espèces différentes, de fruits et ne les trouva pas même aussi bons que les nôtres ; mais, loin d'attribuer le défaut à la terre, il regrette pour les habitans qu'ils n'aient pas de meilleurs jardiniers.

La ville capitale porte le nom du royaume ; elle est sans murailles, mais elle n'a pas moins de trois quarts de lieue de long et d'une demi-lieue de large. Elle est située dans une plaine à deux lieues des montagnes, qui forment un demi-cercle autour d'elle, et sur le bord d'un lac d'eau douce de quatre ou cinq lieues de tour, formé de sources vives et de ruisseaux qui découlent des montagnes ; il se dégorge dans la rivière par un canal navigable. Cette rivière a deux ponts de bois dans la ville pour la communication des deux parties qu'elle sépare. La plupart des maisons

sont de bois, mais bien bâties, et même à
deux ou trois étages. Quoique le pays ne
manque point de belles pierres de taille, et
qu'il y reste quantité de vieux temples et
d'autres bâtimens qui en étaient construits,
l'abondance du bois, qu'on fait descendre
facilement des montagnes par les petites rivières qui l'apportent, a fait embrasser la
méthode de bâtir de bois plutôt que de pierre.
Les maisons qui sont sur la rivière ont presque toutes un petit jardin ; ce qui forme une
perspective charmante, surtout dans la belle
saison , où l'usage est de se promener sur
l'eau. Celles dont la situation est moins
riante ne laissent pas d'avoir aussi leur jardin, et plusieurs ont un petit canal qui répond au lac, avec un petit bateau pour la
promenade.

Dans une extrémité de la ville s'élève une
montagne détachée de toutes les autres, qui
fait encore une perspective très - agréable,
parce qu'elle a sur sa pente plusieurs belles
maisons avec leurs jardins, et sur son sommet une mosquée et un ermitage bien bâtis,
avec un jardin et quantité de beaux arbres

verts, qui lui servent comme de couronne; aussi se nomme-t-elle, dans la langue du pays, *Hariperbet*, qui signifie montagne de verdure. A l'opposite, on en découvre une autre, sur laquelle on voit aussi une petite mosquée avec son jardin, et un très-ancien bâtiment qui doit avoir été un temple d'idoles, quoiqu'il porte le nom de *trône de Salomon*, parce que les habitans le croient l'ouvrage de ce prince, dans un voyage qu'ils lui attribuent à Cachemire.

La beauté du lac est augmentée par un grand nombre de petites îles qui forment autant de jardins de plaisance dont l'aspect offre de belles masses de verdure au milieu des eaux, parce qu'ils sont remplis d'arbres fruitiers, et bordés de trembles à larges feuilles, dont les plus gros peuvent être embrassés, mais tous d'une hauteur extraordinaire, avec un seul bouquet de branches à leur cime, comme le palmier. Au-delà du lac, sur le penchant des montagnes, ce n'est que maisons et jardins de plaisance. La nature semble avoir destiné de si beaux lieux à cet usage; ils sont remplis de sources et de ruisseaux.

L'air y est toujours pur, et l'on y a de toutes parts la vue du lac, des îles et de la ville. Le plus délicieux de tous ces jardins est celui qui porte le nom de *Chahlimar*, ou jardin du roi. On y entre par un grand canal bordé de gazons, qui a plus de deux cents pas de long, entre deux belles allées de peupliers. Il conduit à un grand cabinet qui est au milieu du jardin, où commence un autre canal bien plus magnifique, qui va tant soit peu en montant jusqu'à l'extrémité du jardin. Ce second canal est pavé de grandes pierres de taille; ses bords sont en talus, de la même pierre; on voit dans le milieu une longue file de jets d'eau, de quinze en quinze pas, sans en compter un grand nombre d'autres qui s'élèvent d'espace en espace, de diverses pièces d'eau rondes, dont il est bordé comme d'autant de réservoirs; il se termine au pied d'un cabinet qui ressemble beaucoup au premier. Ces cabinets, qui sont à peu près en dômes, situés au milieu du canal et entourés d'eau, et par conséquent entre les deux grandes allées de peupliers, ont une galerie qui règne tout autour, et quatre portes opposées les unes aux autres, deux desquelles regardent les allées, avec deux ponts pour y passer, et les deux autres donnent sur les canaux opposés. Chaque cabinet est composé d'un grand salon, au milieu de quatre chambres qui en font les quatre coins. Tout est peint ou doré dans l'intérieur, et parsemé de sentences en gros caractères persans. Les quatre portes sont très riches ; elles sont faites de grandes pierres, et soutenues par des colonnes tirées des anciens temples d'idoles queSchah-Djehan fit ruiner. On ignore également la matière et le prix de ces pierres ; mais elles sont plus belles que le marbre et le porphyre:

Bernier décide hardiment qu'il n'y a pas de pays au monde qui renferme autant de beautés que le royaume de Cachemire dans une si petite étendue. « Il mériterait, dit-il, de dominer encore toutes les montagnes qui l'environnen jusqu'à la Tartarie, et tout l'Indoustan jusqu'à l'île de Ceylan. Telles étaient autrefois ses bornes. Ce n'est pas sans raison que les Mogols lui donnent le nom de paradis terrestre des Indes, et que l'empereur Akbar employa tant d'efforts pour l'enlever à ses rois naturels. Djehan-Ghir, son fils et son successeur, prit tant de goût pour cette belle portion de la terre, qu'il ne pouvait en sortir, et qu'il déclarait quelquefois que la perte de sa couronne le toucherait moins que celle de Cachemire; aussi, lorsque nous y fûmes arrivés, tous les beaux esprits mogols s'efforcèrent d'en célébrer les agrémens par diverses pièces de poésie, et les présentaient à l'empereur, qui lesrécompensaient noblement. »

Les Cachemiriens passent pour les plus spirituels, les plus fins et les plus adroits de tous les peuples de l'Inde. Avec autant de disposition que les Persans pour la poésie et pour toutes les sciences, ils sont plus industrieux et plus labourieux; ils font des palekis, des bois de lit, des coffres, des écritoires, des cassettes, des cuillères et diverses sortes de petits ouvrages que leur beauté fait rechercher dans toutes les Indes; ils y appliquent un vernis, et suivent et contrefont si adroitement les veines d'un certain bois qui en a de fort belles, en y appliquant des filets d'or, qu'il n'y a rien de plus joli. Mais ce qu'ils ont de particulier, et qui leur attire des sommes considérables d'argent par le commerce, est cette prodigieuse quantité de schalls qu'ils fabriquent, et auxquels ils occupent jusqu'à leurs enfans. Ce sont des pièces d'étoffe d'une aune et demie de long sur une de large, qui sont brodées au métier par les deux bouts. Les Mogols, la plupart des Indiens de l'un et de l'autre sexe, lesportent en hiver sur leur tête, repassées comme un manteau par-dessus l'épaule gauche. On en distingue deux sortes, les uns de laine du pays, qui est plus fine et plus délicate que celle d'Espagne; les autres d'une laine, ou plutôt d'un poil qu'on nomme *touz*, et qui se prend sur la poitrine des chèvres sauvages du grand Thibet. Les schalls de cette seconde espèce sont beaucoup plus chers que les autres; il n'y a point de castor qui soit si mollet ni si délicat; mais, sans un soin continuel de les déplier et de les éventer, les vers s'y mettent facilement. Les ombras en font faire exprès qui coûtent jusqu'à cent cinquante roupies, au lieu que les plus beaux de laine du pays ne passent jamais cinquante. Bernier remarquant, sur les schalls, que les ouvriers de Patna, d'Agra et de Lahor, ne parviennent jamais à leur donner le moelleux et la beauté de ceux de Cachemire, ajoute que cette différence est attribuée à l'eau du pays, comme on fait à Masulipatan ces belles *chites*, ou toiles peintes au pinceau, qui deviennent plus belles en les lavant.

On vante aussi les Cachemiriens pour la beauté du sang; ils sont communément aussi bien faits qu'on l'est en Europe, sans rien tenir du visage des Tartares, ni de ce nez écrasé, et de ces petits yeux de porc, qui sont le partage des habitans de Kachgar et du grand Thibet. Les femmes de Cachemire soint si distinguées par leur beauté, que la plupart des étrangers qui arrivent dans l'Indoustan cherchent à s'en procurer, dans l'espérance d'en avoir des enfans plus blancs que les Indiens, et qui puissent passer pour vrais Mogols.

« Certainement, dit Bernier, si l'on peut juger de la beauté des femmes cachées et re-

tirées par celles du menu peuple qu'on rencontre dans les rues et qu'on voit dans les
boutiques, on doit croire qu'il y en a de très-
belles. A Lahor, où elles sont en renom
d'être de belle taille, menues de corps, et
les plus belles brunes des Indes, comme
elles le sont effectivement, je me suis servi
d'un artifice ordinaire aux Mogols, qui est
de suivre quelque éléphant, principalement
quelqu'un de ceux qui sont richement harnachés; car aussitôt qu'elles entendent ces
deux sonnettes d'argent, qui leur pendent
des deux côtés, elles mettent toutes la tête
aux fenêtres. Je me suis servi à Cachemire
du même artifice, et d'un autre encore qui
m'a bien mieux réussi. Il était de l'invention
d'un vieux maître d'école que j'avais pris
pour m'aider à entendre un poète persan : il
me fit acheter quantité de confitures; et
comme il était connu et qu'il avait l'entrée
partout, il me mena dans plus de quinze maisons, disant que j'étais son parent, nouveau
venu de Perse, et que j'étais riche et à marier. Aussitôt que nous entrions dans une
maison, il distribuait mes confitures aux

enfans ; et incontinent tout accourait autour de nous, femmes et filles, grandes et petites, pour en attraper leur part, ou pour se faire voir. Cette folle curiosité ne laissa pas de me coûter quelques roupies ; mais aussi je ne doutai plus que dans Cachemire il n'y eût d'aussi beaux visages qu'en aucun lieu de l'Europe. »

Dans plusieurs occasions que Bernier eut de visiter diverses parties du royaume, il fit quelques observations qu'il joint à son récit. Danech-Mend-Khan, son nabab, l'envoya un jour, avec deux cavaliers pour escorte, à une des extrémités du royaume, à trois petites journées de la capitale, pour visiter une fontaine à laquelle on attribuait des propriétés merveilleuses. Pendant le mois de mai, qui est le temps où les neiges achèvent de se fondre elle coule et s'arrête régulièrement trois fois le jour, au lever du soleil, sur le midi et sur le soir ; son flux est ordinairement d'environ trois quarts d'heure : il est assez abondant pour remplir un réservoir carré de dix ou douze pieds de largeur, et d'autant de profondeur. Ce phénomène dure l'espace de quinze jours, après lesquels son cours devient moins réglé, moins abondant, et s'arrête tout-à-fait vers la fin du mois, pour ne plus paraître de toute l'année, excepté pendant quelque grande et longue pluie, qu'il recommence sans cesse et sans règle comme celui des autres fontaines. Bernier vérifia cette merveille par ses yeux. Les Gentous ont sur le bord du réservoir un petit temple d'idoles, où ils se rendent de toutes parts, pour se baigner dans une eau qu'ils croient capable de les sanctifier; ils donnent plusieurs explications fabuleuses à son origine. Pendant cinq ou six jours, Bernier s'efforça d'en trouver de plus vraisemblables. Il considéra fort attentivement la situation de la montagne. Il monta jusqu'au sommet avec beaucoup de peine, cherchant et examinant de tous côtés; il remarqua qu'elle s'étend en long du nord au midi; qu'elle est séparée des autres montagnes, qui ne laissent pas d'en être fort proches; qu'elle est en forme de dos d'âne; que son sommet, qui est très-long, n'a guère plus de cent pas dans sa plus grande largeur; qu'un de ses côtés, qui n'est couvert que d'herbes vertes, est exposé au soleil levant ; mais que d'autres montagnes opposées n'y laissent tomber ses rayons que vers huit heures du matin ; enfin que l'autre côté, qui regarde le couchant, est couvert d'arbres et de buissons. Après ces observations, il se mit en état de rendre compte à Danech-Mend d'une singularité dont il cessa d'admirer la cause.

« Tout cela considéré, dit-il, je jugeai que la chaleur du soleil, avec la situation particulière et la disposition intérieure de la montagne, était la cause du miracle ; que le soleil du matin, venant à donner sur le côté qui lui est opposé, l'échauffe et fait fondre une partie des eaux gelées qui se sont insinuées dans la terre en hiver ; pendant que tout est couvert de neiges ; que ces eaux, venant à pénétrer et coulant peu à peu vers le bas jusqu'à certaines couches ou tables de roches vives qui les retiennent et les conduisent vers la fontaine, produisent le flux du midi ; que le même soleil, s'élevant au midi, et quittant ce côté qui se refroidit, pour frapper comme à plomb sur le sommet qu'il échauffe, fait encore fondre des eaux gelées qui descendent peu à peu comme les autres, mais par d'autres circuits jusqu'aux mêmes couches de roches, et font le flux du soir; et qu'enfin le soleil, échauffant aussi le côté occidental, produit le même effet, et cause le troisième flux, c'est-à-dire celui du matin. Il est plus lent que les deux autres, soit parce qu'étant couvert de bois, il s'échauffe moins vite, ou peut-être à cause du froid de la nuit. Toutes ces circonstances, ajoute Bernier, favorisent cette supposition. »

En revenant de cette fontaine, qui se nomme *Send-brary*, il se détourna un peu du chemin pour se procurer la vue d'Achiavel, maison de plaisance des anciens rois de Cachemire; sa principale beauté consiste dans une source d'eau vive qui se disperse par-dehors autour du bâtiment et dans les jardins, par un très-grand nombre de canaux; elle sort de terre en jaillissant du fond d'un puits avec une violence, un bouillonnement et une abondance si extraordinaires, qu'elle mériterait le nom de rivière plutôt que celui

de fontaine. L'eau est d'une beauté singulière, et si froide, qu'à peine y peut-on tenir la main. Le jardin, qui est composé de
belles allées de toutes sortes d'arbres fruitiers,
offre pour ornement quantité de jets d'eau
de diverses formes, des réservoirs pleins de
poissons, et particulièrement une cascade
fort haute, qui forme une grande nappe de
trente ou quarante pas de longueur, dont
l'effet est encore plus admirable pendant la
nuit, lorsqu'on a mis par-dessous la nappe
une infinité de lampions, qui, s'ajustant
dans les petites niches du mur, font une curieuse illumination. D'Achiavel, Bernier ne
craignit pas de se détourner encore pour visiter un autre jardin royal, dans lequel on
trouve les mêmes agrémens; mais l'on y voit
un canal rempli de poissons qui viennent
lorsqu'on les appelle, et dont les plus grands
ont au nez des anneaux d'or avec des ins-
criptions. On attribue cette singularité à la
fameuse Nour-Mehallé, épouse favorite de
Djehan-Ghir, aïeul d'Auréng-Zeb.

Danech-Mend, fort satisfait du récit de
Bernier, lui fit entreprendre un autre voya-

ge pour aller voir un miracle si certain, qu'il se promettait de voir Bernier bientôt converti au mahométisme. « Va-t'en , lui dit-il, » à Baramoulay. Tu y trouveras le tombeau » d'un de nos fameux pires ou saints derviches, qui fait des miracles continuels pour » la guérison des malades qui s'y rassemblent » de toutes parts. Peut-être ne croiras-tu rien » de toutes ces opérations miraculeuses que » tu pourras voir ; mais tu ne résisteras pas » à l'évidence de celle qui se renouvelle tous » les jours, et qui se fera devant tes yeux. » Tu verras une grosse pierre ronde que » l'homme le plus fort peut à peine soulever, » et que onze dervis néanmoins, après avoir » adressé leur prière au saint, enlèvent com· » me une paille, du seul bout de leurs onze » doigts. » Bernier se mit en chemin avec son escorte ordinaire ; il se rendit à Baramoulay et trouva le lieu assez agréable ; la mosquée est bien bâtie, et les ornemens ne manquent point au tombeau du saint. Il y avait tout autour quantité de pèlerins qui se disaient malades ; mais on voyait près de la mosquée une·cuisine, avec de grandes chaudières pleines de chair et de riz fondées par le zèle des dévots, que Bernier prit pour l'aimant qui attirait les malades, et pour le miracle qui les guérissait.

D'un autre côté étaient le jardin et les chambres des mollahs, qui passent là doucement leur vie à l'ombre de la sainteté miraculeuse du pire qu'ils ne manquent pas de vantér. Toujours malheureux, dit-il, dans les occasions de cette nature, il ne vit faire aucun miracle pendant le séjour qu'il fit à Baramoulay; mais onze mollahs formant un cercle bien serré, et vêtus de leurs cabayes ou longues robes, qui ne permettaient pas de voir comment ils prenaient la pierre, la levèrent en effet, en assurant tous qu'ils ne la tenaient que du bout de l'un de leurs doigts et qu'elle était aussi légère qu'une plume. Bernier, qui ouvrait les yeux, et qui regardait de fort près, s'apercevait assez qu'ils faisaient beaucoup d'efforts, et croyait remarquer qu'ils joignaient le pouce aux doigts. Cependant il n'osa se dispenser de crier *haramet! karamet!* c'est-à-dire *miracle! miracle!* avec les mollahs et tous les assistans;

mais il donna en même temps une roupie aux mollahs, en leur demandant la grâce d'être un des onze qui soulevèrent la pierre. Une seconde roupie qu'il leur jeta, jointe à la persuasion qu'il affectait de la vérité du miracle, les disposa, quoique avec peine, à lui céder une place. Ils s'imaginèrent apparemment que dix d'entre eux, unis ensemble, suffiraient pour lever le fardeau, quand même il n'y contribuerait que fort peu; et qu'en se rangeant avec adresse et se serrant, ils pourraient l'empêcher de s'apercevoir de rien. Cependant ils furent bien trompés lorsque la pierre, que Bernier ne voulut soutenir que du bout du doigt, pencha visiblement de ce côté. Tout le monde le regardant d'un fort mauvais œil, il ne laissa pas de crier *karamet*, et de jeter encore une roupie, dans la crainte de se faire lapider; mais, après s'être retiré tout doucement, il se hâta de monter à cheval et de s'éloigner.

En passant il observa cette fameuse ouverture qui donne passage à toutes les eaux du royaume; ensuite il quitta le chemin pour

s'approcher d'un grand lac, dont la vue l'a-
vait frappé de loin, et par lequel passe la rivière qui descend à Baramoulay. Il est plein
de poissons, surtout d'anguilles, et couvert
de canards, d'oies sauvages, et de plusieurs
sortes d'oiseaux de rivière. Le gouverneur du
pays y vient prendre en hiver le divertisse-
ment de la chasse. On voit au milieu de ce
lac un ermitage, avec son petit jardin qui,
à ce qu'on dit, flotte sur l'eau. On ajoute à
ce récit qu'un ancien roi de Cachemire fit
construire l'un et l'autre sur de grosses pou-
tres qui soutiennent depuis long-temps ce
double fardeau.

De là Bernier visita une fontaine qui ne
lui parut pas moins singulière. Elle bouil-
lonne doucement; monte avec une sorte
d'impétuosité; forme de petites bulles remplie d'eau, et amène à la superficie un sable
très-fin, qui retourne comme il est venu,
parce qu'un moment après, l'eau s'arrête
et cesse de bouillonner : mais elle recommence le même mouvement avec des interva-
les qui ne sont pas réglés. On prétend que
la principale merveille est que le moindre

bruit qu'on fasse en parlant ou en frappant du pied contre terre agite l'eau et produit le bouillonnement. Cependant Bernier vérifia que le bruit de la voix et le mouvement des pieds n'y changeaient rien, et que dans le plus grand silence le phénomène se renouvelait avec les mêmes circonstances.

Après avoir considéré cette fontaine, il entra dans les montagnes pour y voir un grand lac, où la glace se conserve en été. Les vents en abattent les morceaux, les dispersent, les rejoignent et les rétablissent comme dans une petite mer glaciale. Il passa de là dans un lieu qui se nomme *Sengsafed*, c'est-à-dire *pierre blanche*, où l'on voit pendant l'été une abondance naturelle de fleurs qui forment un charmant parterre. On a remarqué dans tous les temps, que, lorsqu'il s'y rend beaucoup de monde et qu'on y fait assez de bruit pour agiter l'air, il y tombe aussitôt une grosse pluie. Bernier assure que Schah-Djehan fut menacé d'y périr à son arrivée ; ce qui s'accorde, dit-il, avec le récit de l'ermite de Pire-Pendjal.

Il pensait à visiter une grotte de congélations merveilleuses, qui est à deux journées du même lieu, lorsqu'il reçut avis que Danech-Mend commençait à s'inquiéter de son absence. Il regretta beaucoup de n'avoir pu tirer tous les éclaircissemens qu'il aurait désirés sur les montagnes voisines.

Les marchands du pays vont tous les ans, de montagne en montagne, amassant ces laines fines qui leur servent à faire des schalls ; et ceux qu'il consulta l'assurèrent qu'entre les montagnes qui dépendent de Cachemire, on rencontre de fort beaux endroits. Ils en vantaient un qui paie son tribut en cuirs et en laine que le gouvernement envoie lever chaque année, et où les femmes sont belles, chastes et laborieuses. On lui parla d'un autre plus éloigné de Cachemire, qui paie aussi son tribut en cuirs et en laines, et qui offre de petites plaines fertiles et d'agréables vallons remplis de blé, de riz, de pommes, de poires, d'abricots, de melons, et même de raisin, dont il se fait des vins excellens. Les habitans se fiant sur ce que le pays est de très-difficile accès, ont quelquefois refusé le tribut ; mais on a toujours trouvé le moyen d'y entrer et de les réduire. Bernier apprit des mêmes marchands qu'entre des montagnes encore plus éloignées qui ne dépendent plus du royaume de Cachemire, il se trouve d'autres contrées fort agréables, peuplées d'hommes blancs et bien faits, mais qui ne sortent jamais de leur patrie. Un vieillard, qui avait épousé une fille de l'ancienne maison des rois de Cachemire, lui raconta que, dans le temps que Djehan-Ghir avait fait rechercher tous les restes de cette malheureuse race, la crainte de tomber entre ses mains l'avait fait fuir avec trois domestiques au travers des montagnes, sans savoir où il allait; qu'après avoir erré dans cette solitude, il s'était trouvé dans un fort bon canton, où les habitans, ayant appris sa naissance, l'avait reçu avec beaucoup de civilités, et lui avaient fait des présens; que, mettant le comble à leurs bons procédés, ils lui avaient amené quelques-unes de leurs plus belles filles, le priant d'en choisir une, parce qu'ils souhaitaient d'avoir de son sang; qu'étant passé dans un autre canton peu éloigné, on ne l'avait pas traité avec moins de

considération ; mais que les habitans lui
avaient amené leurs propres femmes, en lui
disant que leurs voisins avaient manqué d'esprit lorsqu'ils n'avaient pas considéré que
son sang ne demeurerait pas dans leur maison, puisque leurs filles emporteraient l'enfant avec elles dans celle de l'homme qu'elles
épouseraient.

D'autres informations ne laissèrent aucun
doute à Bernier que le pays de Cachemire ne
touchât au petit Thibet. Quelques années
auparavant, les divisions de la famille royale
du petit Thibet avaient porté un des pré-
tendans à la couronne à demander secrète-
ment le secours du gouverneur de Cachemire, qui, par l'ordre de Schah Djehan, l'avait
établi dans cet état, à condition de payer au
Mogol un tribut annuel en cristal, en musc
et en laines. Ce roitelet ne put se dispenser
de venir rendre son hommage à Aureng-Zeb
pendant que la cour était à Cachemire ; et
Danech-Mend, curieux de l'entretenir, lui
donna un jour à dîner. Bernier lui entendit
raconter que, du côté de l'orient, son pays
confinait avec le grand Thibet ; qu'il pou-

vait avoir trente à quarante lieues de largeur ; qu'à l'exception d'un peu de cristal, de musc et de laine, il était fort pauvre ; qu'il n'y avait point de mines d'or, comme on le publiait ; mais que, dans quelques parties, il produisait de fort bons fruits, surtout d'excellens melons ; que les neiges y rendaient l'hiver fort long et fort rude ; enfin que le peuple, autrefois idolâtre, avait embrassé la secte persane du mahométisme. Le roi du petit Thibet avait un si misérable cortége, que Bernier ne l'aurait jamais pris pour un souverain.

Il y avait alors dix-sept ou dix-huit ans que Schah-Djehan avait entrepris d'étendre ses conquêtes dans le grand Thibet, à l'exemple des anciens rois de Cachemire. Après quinze jours d'une marche très-difficile et toujours entre des montagnes, son armée s'était saisie d'un château ; il ne lui restait plus qu'à passer une rivière extrêmement rapide pour aller droit à la capitale qu'il aurait facilement emportée, car tout le royaume était dans l'épouvante ; mais, comme la saison était fort avancée, le général mogol, appréhendant d'être surpris par les neiges, avait pris le parti de revenir sur ses pas, après avoir laissé quelques troupes dans le château dont il s'était mis en possession. Cette garnison, effrayée par l'ennemi, ou pressée par la disette des vivres, avait repris bientôt le chemin de Cachemire, ce qui avait fait perdre au général le dessein de recommencer l'attaque au printemps.

Le roi du grand Thibet apprenant qu'Aureng-Zeb était à Cachemire, se crut menacé d'une nouvelle guerre. Il lui envoya un ambassadeur avec des présens du pays, tels que du cristal, des queues de certaines vaches blanches et fort précieuses, quantité de musc et du jachen, pierre d'un fort grand prix. Ce jachen est une pierre verdâtre, avec des veines blanches, et qui est si dure, qu'on ne la travaille qu'avec la poudre de diamant. On en fait des tasses et d'autres vases, enrichis de filets d'or et de pierreries. Le cortége de l'ambassadeur était composé de quatre cavaliers, et de dix ou douze grands hommes secs et maigres, avec trois ou quatre poils de barbe, comme les Chinois, et de simples bonnets rouges ; le reste de leur habillement était proportionné. Quelques-uns portaient des sabres, mais le reste marchait sans armes à la suite de leur chef. Ce ministre ayant traité avec Aureng-Zeb, lui promit que son maître ferait bâtir une mosquée dans sa capitale, qu'il lui paierait un tribut annuel, et que désormais il ferait marquer sa monnaie au coin mogol ; mais on était persuadé, ajoute Bernier, qu'après le départ d'Aureng-Zeb, ce prince ne ferait que rire du traité, comme il avait déjà fait de celui qu'il avait autrefois conclu avec Schah-Djehan.

L'ambassadeur avait amené un médecin qui se disait du royaume de Lassa, et de la tribu des lamas, qui est celle des prêtres ou des gens de lois du pays, comme celle des bramines dans les Indes, avec cette différence, que les bramines n'ont point de pontife, et que ceux de Lassa en reconnaissent un, qui est honoré dans toute la Tartarie comme une espèce de divinité. Ce médecin avait un livre de recettes qu'il refusa de vendre à Bernier, et dont les caractères avaient, de loin, quelque air des nôtres. Bernier le pria d'en écrire l'alphabet, mais il écrivait si lentement, et son écriture était si mauvaise en comparaison de celle du livre, qu'il ne donna pas une haute idée de son savoir. Il était fort attaché à la métempsycose, dont il expliquait la doctrine avec beaucoup de fables. Bernier lui rendit une visite particulière, avec un marchand de Cachemire qui savait la langue du Thibet, et qui lui servit d'interprète. Il feignit de vouloir acheter quelques étoffes que le médecin avait apportées pour les vendre, et sous ce prétexte il lui fit diverses questions dont il tira peu d'éclaircissement. Il en recueillit néanmoins que le royame du grand Thibet était un misérable pays, couvert de neige pendant cinq mois de l'année, et que le roi de Lassa était souvent en guerre avec les Tartares : mais il ne put savoir de quels Tartares il était question.

Il n'y avait pas vingt ans, suivant le témoignage de tous les Cachemiriens, qu'on voyait partir chaque année de leur pays plusieurs caravanes, qui, traversant toutes ce montagnes du grand Thibet, pénétraient

XIV. 13

dans la Tartarie, et se rendaient, dans l'espace d'environ trois mois, au Cathay, malgré la difficulté des passages, surtout de plusieurs torrens très-rapides qu'il fallait traverser sur des cordes tendues d'un rocher à l'autre. Elles rapportaient du musc, du bois de Chine, de la rhubarbe et du mamiron, petite racine excellente pour les yeux. En repassant par le grand Thibet, elles se chargeaient aussi des marchandises du pays, c'est-à-dire de musc, de cristal et de jachen, mais surtout de quantité de laines très-fines ; les unes de brebis, les autres qui se nomment *touz*, et qui approchent plutôt, comme on l'on déjà remarqué, du poil de castor que de la laine. Depuis l'entreprise de Schah-Djehan, le roi du Thibet avait fermé ce chemin, et ne permettait plus l'entrée de son pays du côté de Cachemire. Les caravanes, ajoute Bernier, partent actuellement de Patna sur le Gange, pour éviter ses terres, et, les laissant à gauche, elles se rendent droit au royaume de Lassa. Quelques marchands du pays de Kachegar, situé à l'est du Cachemire, qui vinrent dans la capitale de ce royaume pendant le séjour d'Aureng-Zeb, pour y vendre un grand nombre d'esclaves, confirmèrent à Bernier que, le passage étant fermé par le grand Thibet, ils étaient obligés de prendre par le petit, et qu'ils passaient premièrement par une petite ville nommée *Gourtche*, la dernière qui dépend de Cachemire, à quatre journées de la capitale. De là, en huit jours de temps, ils allaient à Eskerdou, capitale du petit Thibet, et de là en deux jours à Cheker, petite ville du même pays ; elle est située sur une rivière dont les eaux ont une vertu médicinale. En quinze jours, ils arrivaient à une grande forêt qui est sur les confins du petit Thibet, et en quinze autres jours à Kachegar, petite ville qui avait été autrefois la demeure du roi ; c'était alors Ierkend, qui est un peu plus au nord à dix journées de Kachegar. Ils ajoutaient que de cette dernière ville au Cathay, il n'y a pas plus de deux mois de chemin, qu'il y va tous les ans des caravanes qui rapportent de toutes les sortes de marchandises nommées plus haut, et qui passent en Perse par l'Ouzbek, comme il y en a d'autres qui du Cathay passent à Patna dans l'Indoustan. Ils disaient encore que de Kachegar pour aller au Cathay, il fallait gagner une ville qui est à huit journées de Coten, la dernière du royaume de Kachegar, que les chemins de Cachemire à Kachegar sont fort difficiles; qu'il y a entre autres un endroit où, dans quelque temps que ce soit, il faut marcher environ un quart de lieue sur la glace. «C'est tout ce que j'ai pu apprendre de ces quartiers-là, observe Bernier; véritablement cela est bien confus et bien peu de chose; mais on trouvera que c'est encore beaucoup, si l'on considère que j'avais affaire à des gens si ignorans, qu'ils ne savent presque donner raison d'aucune chose, et à des interprètes qui, la plupart du temps, ne savent pas faire comprendre les interrogations, ni expliquer la réponse qu'on leur donne. » Observons à notre tour que, depuis le temps de Bernier, nos connaissances sur les pays dont il vient de parler ne se sont pas beaucoup accrues. Il observe, au sujet du royaume de Kachegar, qu'il nomme Kacheguer, que c'est sans doute celui que les cartes françaises appelaient Kascar.

Bernier fit de grandes recherches, à la prière du célèbre Melchisedech Thévenot, pour découvrir s'il ne se touvait pas de juifs dans le fond de ces montagnes, comme les missionnaires nous ont appris qu'il s'en trouve à la Chine. Quoiqu'il assure que tous les habitans de Chachemire sont gentous ou mahométans, il ne laissa pas d'y remarquer plusieurs traces de judaïsme ; elles sont fort curieuse, sur le témoignage d'un voyageur tel que Bernier. 1° C'est qu'en entrant dans ce royaume, après avoir passé la montagne de Pire-Pendjal, tous les habitans qu'il vit dans les premiers villages lui semblèrent juifs à leur port, à leur air ; enfin, dit-il, à ce que je ne sais quoi de particulier qui nous fait souvent distinguer les nations. Il ne fut pas le seul qui en prit cette idée ; un jésuite qu'il ne nomme point, et plusieurs Européens l'avaient eue avant lui. 2° Il remarqua que parmi le peuple de Cachemire, quoique mahométan, le non de *Moussa*, qui signifie Moïse, est fort en usage. 3° Les Cachemiriens prétendent que Salomon est venu dans leur pays, et que c'est lui qui a coupé la mon-

13*

tagne de Baramoulay pour faire écouler les eaux. 4° Ils veulent que Moïse soit mort à Cachemire ; ils montrent son tombeau à une lieue de cette ville. 5° Ils soutiennent que le très-ancien édifice qu'on voit de la ville sur une haute montagne a été bâti par le roi Salomon, dont il est vrai qu'il porte le nom. On peut supposer, dit Bernier, que, dans le cours des siècles, les juifs de ce pays sont devenus idolâtres, et qu'ensuite ils ont embrassé le mahométisme, sans compter qu'il en est passé un grand nombre en Perse et dans l'Indoustan. Il ajoute qu'il s'en trouve en Éthiopie, et quelques-uns si puissans, que, quinze ou seize ans avant son voyage, un d'entre eux avait entrepris de se former un petit royaume dans des montagnes de très-difficile accès. Il tenait cet événement de deux ambassadeurs du roi d'Éthiopie, qu'il avait vus depuis peu à la cour du Mogol.

Cette ambassade, dont il tira d'autres lumières, paraît mériter d'être reprise d'après lui dans son origine. Le roi d'Éthiopie, étant informé de la révolution qui avait mis Aureng-Zeb sur le trône, conçut le dessein de faire connaître sa grandeur et sa magnificence dans l'Indoustan par une célèbre ambassade. Il fit tomber son choix sur deux personnages qu'il crut capables de répondre à ses vues. Le premier était un marchand mahométan, que Bernier avait vu à Moka, lorsqu'il y était venu d'Égypte par la mer Rorge, et qui s'y trouvait de la part de ce prince pour y vendre quantité d'esclaves, du produit desquels il était chargé d'acheter des marchandises des Indes. « C'est là, s'écrie Bernier, le beau trafic de ce grand roi chrétien d'Afrique ! » Le second était un marchand chrétien arménien, marié dans Alep, où il était né, et connu sous le nom de Murat. Bernier l'avait aussi connu à Moka ; et, s'étant logé dans la même maison, c'était par son conseil qu'il avait renoncé au voyage d'Éthiopie. Murat venait tous les ans dans cette ville pour y porter le présent que le roi faisait aux directeurs des compagnies d'Angleterre et de Hollande, et pour recevoir d'eux celui qu'ils envoyaient à ce monarque.

La cour d'Éthiopie crut ne rien épargner pour les frais de l'ambassade, en accordant à ses deux ministres trente-deux petits esclaves des deux sexes qu'ils devaient vendre à Moka pour faire le fonds de leur dépense. On leur donna aussi vingt-cinq esclaves choisis, qui étaient la principale partie du présent destiné au grand-mogol ; et dans ce nombre, on n'oublia point d'en mettre neuf ou dix fort jeunes pour en faire des eunuques : présent, remarque ironiquement Bernier, fort digne d'un roi, surtout d'un roi chrétien, à un prince mahométan. Ses ambassadeurs reçurent encore pour le grand-mogol quinze chevaux, dont les Indiens ne font pas moins de cas que de ceux d'Arabie, avec une sorte de petite mule dont Bernier admira la peau. « Un tigre, dit-il, n'est pas si bien marqueté, et les alachas, qui sont des étoffes de soie rayées, ne le sont pas avec tant de variété, d'ordre et de proportion. » On y ajouta deux dents d'éléphant d'une si prodigieuse grosseur, que l'homme le plus fort n'en levait pas une sans beaucoup de peine, et une prodigieuse corne de bœuf qui était remplie de civette. Bernier, qui en mesura l'ouverture à Delhy, lui trouva plus d'un demi-pied de diamètre.

Avec ces richesses, les ambassadeurs partirent de Gondar, capitale d'Éthiopie, située dans la province de Dambéa, et se rendirent, après deux mois de marche, par de très-mauvais pays, à Beiloul, port désert, vis-à-vis de Moka. Diverses craintes les avaient empêchés de prendre le chemin ordinaire des caravanes, qui se fait aisément en quarante jours jusqu'à Lakiko, d'où l'on passe à l'île de Mazoua. Pendant le séjour qu'ils firent à Beiloul, pour y attendre l'occasion de traverser la mer Rouge, il leur mourut quelques esclaves. En arrivant à Moka, ils ne manquèrent pas de vendre ceux dont le prix devait fournir à leurs frais; mais leur malheur voulut que cette année les esclaves fussent à bon marché. Cependant après en avoir tiré une partie de leur valeur, ils s'embarquèrent sur un vaisseau indien pour passer à Surate. Leur navigation fut assez heureuse. Ils ne furent pas vingt-cinq jours en mer; mais ils perdirent plusieurs chevaux et quelques esclaves du présent, avec la précieuse mule, dont ils sauvèrent la peau. En arrivant au port, ils trouvèrent Surate menacé par le fameux brigand Sevagi ; et leur maison ayant été pillée et brûlée avec le reste de la ville, ils ne purent sauver que leurs lettres de créance, et quelques esclaves malades, leurs habits à l'éthiopienne, qui ne furent enviés de personne, la peau de mule, dont le vainqueur fit peu de cas, et la corne de bœuf, qui était déjà vide de civette. Ils exagérèrent beaucoup leurs pertes ; mais les Indiens, naturellement malins, qui les avaient vus arriver sans provisions, sans argent et sans lettres de change, prétendirent qu'ils étaient fort heureux de leur aventure, qu'ils devaient s'applaudir du pillage de Surate, qui leur avait épargné la peine de conduire à Delhy leur misérable présent, et qui leur fournissait un prétexte pour implorer la générosité d'autrui. En effet, le gouverneur de Surate les nourrit quelque temps, et leur fournit de l'argent et des voitures pour continuer leur voyage. Adrican, chef du comptoir hollandais, leur donna pour Bernier une lettre de recommandation que Murat lui remit, sans savoir qu'il fût son ancienne connaissance de Moka. Ils se reconnurent, ils s'embrassèrent, et Bernier lui promit de le servir à la cour ; mais cette entreprise était difficile. Comme il ne leur restait du présent qu'ils avaient apporté que leur peau de mule et la corne de leur bœuf, et qu'on les voyait dans les rues sans palekis et sans chevaux, avec une suite de sept ou huit esclaves nus, ou qui n'avaient pour tout habillement qu'une mauvaise écharpe bridée entre les cuisses, et un demi-linceul sur l'épaule gauche, passé sous l'aisselle droite en forme de manteau d'été, on ne les prenait que pour de misérables vagabonds qu'on n'honorait pas d'un regard. Cependant Bernier représenta si souvent la grandeur de leur maître à Danech-Mend, ministre des affaires étrangères, que ce seigneur leur fit obtenir une audience d'Aureng-Zeb. On leur donna, suivant l'usage, une veste de brocart avec une écharpe de soie brodée, et le turban. On pourvut à leur subsistance ; et l'empereur, les dépêchant bientôt avec plus d'honneurs qu'ils ne s'y étaient attendus, leur fit pour eux-mêmes un présent de six mille roupies. Celui qu'ils reçurent pour leur maître consistait dans un serapah, ou veste de brocart, fort riche, deux grands cornets d'argent doré, deux timbales d'argent, un poignard couvert de rubis, et la valeur d'environ vingt mille francs en roupies d'or ou d'argent, pour faire voir de la monnaie au roi d'Éthiopie, qui n'en a point dans ses états ; mais on n'ignorait pas que cette somme ne sortirait pas de l'Indoustan, et qu'ils en achèteraient des marchandises des Indes.

Pendant le séjour qu'ils firent à Delhy, Danech-Mend, toujours ardent à s'instruire, les faisait venir souvent en présence de Bernier, et s'informait de l'état du gouvernement de leur pays. Ils parlaient de la source du Nil, qu'ils nommaient *Abbabile*, comme d'une chose dont les Éthiopiens n'ont aucun doute. Murat même, et un Mogol qui était revenu avec lui de Gondar, étaient allés dans le canton qui donne naissance à ce fleuve. Ils s'accordaient à rendre témoignage qu'il sort de terre dans le pays des Agous, par deux sources bouillantes et proches l'une de l'autre, qui forment un petit lac de trente ou quarante pas, de long ; qu'en prenant son cours hors de ce lac, il est déjà une rivière médiocre, et que d'espace en espace il est grossi par d'autres eaux; qu'en continuant de couler, il tourne assez pour former une grande île; qu'il tombe ensuite de plusieurs rochers escarpés; après quoi il entre dans un lac où l'on voit des îles fertiles, un grand nombre de crocodiles, et quantité de veaux marins, qui n'ont pas d'autre issue que la gueule pour rendre leurs excrémens; que ce lac est dans le pays de Dambéa, à trois petites journées de Gondar, et à quatre ou cinq de la source du Nil; que le Nil sort de ce lac chargé de beaucoup d'eaux des rivières et des torrens qui y tombent, principalement dans la saison des pluies; qu'elles commencent régulièrement, comme dans les Indes, vers la fin de juillet; ce qui mérite une extrême attention, parce qu'on y trouve l'explication convaincante de l'inondation de ce fleuve; qu'il va passer de là par Sennar, ville capitale du royaume des Funghes, tributaires du roi d'Éthiopie, et se jeter ensuite dans les plaines de Mesr, qui est l'Égypte.

XIV,   14

Bernier, pour juger à peu près de la véritable source du Nil, leur demanda vers quelle partie du monde était le pays de Dambea par rapport à Babel-Mandel. Ils lui répondirent qu'assurément ils allaient toujours vers le couchant. L'ambassadeur mahométan, qui devait savoir s'orienter mieux que Murat, parce que sa religion l'obligeait, en faisant sa prière, de se retourner toujours vers la Mecque, l'assura particulièrement qu'il ne devait point en douter; ce qui l'étonna beaucoup, parce que, suivant leur récit, la source du Nil devait être fort en-deçà de la ligne; au lieu que toutes nos cartes, avec Ptolémée, le mettaient beaucoup au-delà. Il leur demanda s'il pleuvait beaucoup en Éthiopie, et si les pluies y étaient réglées effectivement comme dans les Indes. Ils lui dirent qu'il ne pleuvait presque jamais sur la côte de la mer Rouge, depuis Suakan, Arkiko et l'île de Mazoua jusqu'à Babel-Mandel, non plus qu'à Moka, qui est de l'autre côté dans l'Arabie Heureuse ; mais que dans le fond du pays, dans la province des Agous, dans celle de Dambéa et dans les provinces circonvoisines, il tombait beaucoup de pluies pendant deux mois, les plus chauds de l'été, et dans le même temps qu'il pleut aux Indes. C'était, suivant son calcul, le véritable temps de l'accroissement du Nil en Egypte. Ils ajoutaient même qu'ils savaient très-bien que c'étaient les pluies d'Ethiopie qui font grossir le Nil, qui inondent l'Egypte et qui engraissent la terre du limon qu'elles y portent; que les rois d'Ethiopie fondaient là-dessus des prétentions de tribut sur l'Egypte, et que, lorsque les mahométans s'en étaient rendus les maîtres, ces princes avaient voulu détourner le cours du Nil dans le golfe Arabique, pour la ruiner et la rendre infertile; mais que la difficulté de ce dessein les avait forcés de l'abandonner.

La fin de cette relation ne nous apprenant point le temps ni les circonstances du retour d'Aureng-Zeb, on doit s'imaginer qu'après le voyage de Cachemire, Bernier retourna heureusement à Delhy pour y faire d'autres observations qu'il nous a laissées dans les différentes parties de ses mémoires, mais dont la plupart appartiennent à l'histoire de l'Indoustan plus qu'à celle des voyages.

LIVRE III.

PARTIE ORIENTALE DES INDES.

CHAPITRE I.

Arakan, Pégou, Boutan, Assam, Cochinchine.

Nous passons maintenant aux pays de l'Inde situés au-delà du Gange ; et, après quelques observations sur les royaumes d'Arakan, de Pégou, de Boutan, d'Assam et de Cochinchine, nous nous arrêterons plus long-temps au Tonquin et à Siam, sur lesquels les voyageurs se sont étendus davantage, et qui présentent des objets plus intéressans.

En traversant le golfe de Bengale et les bouches du Gange, on aborde dans un pays peu fréquenté des vaisseaux européens, parce qu'il n'a point de port commode pour leur grandeur, mais dont le nom se trouve néanmoins dans toutes les relations.

Daniel Sheldon, facteur de la compagnie anglaise, ayant eu l'occasion de pénétrer dans cette contrée, apporta tous ses soins à la connaître, et dressa un mémoire de ses observations, qu'Ovington reçut de lui à Surate, et qu'il se chargea de publier. Ce dernier voyageait en 1689.

Ce pays ou ce royaume porte le nom d'*Arakan* ou d'*Orakan*. Il a pour bornes, au nord-ouest, le royaume de Bengale, dont la ville la plus proche est Chatigam, au sud et à l'est le Pégou, et au nord le royaume d'Ava. Il s'étend sur toute la côte jusqu'au cap de Nigraès. Mais il est difficile de marquer exactement ses limites, parce qu'elles ont été plusieurs fois étendues ou resserrées par diverses conquêtes.

La capitale est Arakan, qui a donné son nom au pays. Cette ville occupe le centre d'une vallée d'environ quinze milles de circonférence. Des montagnes hautes et escarpées l'environnent de toutes parts et lui servent de remparts et de fortifications.

14*

Elle est défendue d'ailleurs par un château. Il y passe une grande rivière, divisée en plusieurs petits ruisseaux qui traversent toutes les rues pour la commodité des habitans. Ils se réunissent en sortant de la ville, qui est à quarante ou cinquante milles de la mer, et, ne formant plus que deux canaux, ils vont se décharger dans le golfe de Bengale, l'un à Oriétan, et l'autre à Dobazi, deux places qui ouvriraient une belle porte au commerce, si les marées n'y étaient si violentes, surtout dans la pleine lune, que les vaisseaux n'y entrent point sans danger.

Le palais du roi est d'une grande étendue ; sa beauté n'égale pas sa richesse : il est soutenu par des piliers fort larges et fort élevés, ou plutôt par des arbres entiers qu'on a couverts d'or. Les appartemens sont revêtus des bois les plus précieux que l'Orient fournisse, tels que le sandal rouge ou blanc, et une espèce de bois d'aigle. Au milieu du palais est une grande salle, distinguée par le nom de *salle d'or*, qui est effectivement revêtue d'or dans toute son étendue. On y admire un dais d'or massif, autour duquel pendent une centaine de lingots de même métal en forme de pains de sucre chacun du poids d'environ quarante livres. Il est environné de plusieurs statues d'or de la grandeur d'un homme, creuses à la vérité, mais épaisses néanmoins de deux doigts, et ornées d'une infinité de pierres précieuses, de rubis, d'émeraudes, de saphirs, de diamans d'une grosseur extraordinaire, qui leur pendent sur le front, sur la poitrine, sur les bras et à la ceinture. On voit encore au milieu de cette salle une chaise carrée de deux pieds de large, entièrement d'or, qui soutient un cabinet d'or aussi, et couvert de pierres précieuses. Ce cabinet renferme deux fameux pendans qui sont deux rubis, dont la longueur égale celle du petit doigt, et dont la base approche de la grosseur d'un œuf de poule. Ces joyaux ont causé des guerres sanglantes entre les rois du pays, non-seulement par rapport à leur valeur, mais parce que l'opinion publique accorde un droit de supériorité à celui qui les possède. Les rois d'Arakan, qui jouissaient alors de cette précieuse distinction, ne les portaient que le jour de leur couronnement.

La ville d'Arakan renferme six cents pagodes ou temples. On fait monter le nombre de ses habitans à cent soixante mille. Le palais royal est sur le bord d'un grand lac, diversifié par plusieurs petites îles, qui sont la demeure d'une sorte de prêtres auxquels on donne le nom de *raulins*. On voit sur ce lac un grand nombre de bateaux qui servent à diverses commodités, sans communication néanmoins avec la ville, qui est séparée du lac par une digue. On prétend que cette digue a moins été formée pour mettre la ville à couvert des inondations dans les temps tranquilles que pour l'inonder dans un cas de guerre où elle serait menacée d'être prise, et pour l'ensevelir sous l'eau avec tous ses habitans.

Le bras du fleuve qui coule vers Oriétan offre un spectacle fort agréable. Ses bords sont ornés de grands arbres toujours verts, qui forment un berceau continuel en se joignant par leurs sommets, et qui sont couverts d'une multitude de paons et de singes qu'on voit sauter de branches en branches. Oriétan est une ville où, malgré la difficulté de l'accès, les marchands de Pégou, de la Chine, du Japon, de Malacca, d'une partie du Malabar et de quelques parties du Mogol, trouvent le moyen d'aborder pour l'exercice du commerce. Elle est gouvernée par un lieutenant général que le roi établit à son couronnement, en lui mettant une couronne sur la tête et lui donnant, le nom de roi, parce que cette ville est capitale d'une des douze provinces d'Arakan, qui sont toujours gouvernées par des têtes couronnées. On voit près d'Oriétan la montagne de Naom, qui donne son nom à un lac voisin. C'est dans ce lieu qu'on relègue les criminels, après leur avoir coupé les talons, pour leur ôter le moyen de fuir. Cette montagne est si escarpée, et les bêtes féroces y sont en si grand nombre, qu'il est presque imposible de la traverser.

En doublant le cap de Nigraïs, on se rend à Siriam, dont quelques-uns font la dernière ville du royaume d'Arakan, quoique d'autres la mettent dans le Pégou. Ce fut dans cette ville que le roi d'Arakan se retira avec son armée victorieuse, après avoir pillé le Tangut, qui appartenait au roi de Brama, et dans laquelle il avait trouvé non-seulement de grandes richesses, mais encore l'éléphant blanc et les deux rubis auxquels la prééminence de l'empire est attachée. Siriam n'a plus son ancienne splendeur; elle était autrefois la capitale du royaume et la demeure d'un roi. On voit encore les traces d'une forte muraille dont elle était environnée. Toutes ces petites monarchies de l'Inde ont éprouvé de fréquentes révolutions.

Les habitans estiment dans leur figure et dans leur taille ce que les autres nations regardent comme une disgrâce de la nature; ils aiment un front large et plat; et pour lui donner cette forme, ils appliquent aux enfans, dès le moment de leur naissance, une plaque de plomb sur le front. Leurs narines sont larges et ouvertes; leurs yeux petits, mais vifs, et leurs oreilles pendantes jusqu'aux épaules, comme celles des Malabares.

La couleur qu'ils préfèrent à toutes les autres, dans leurs habits et leurs meubles, est
le pourpre foncé.

Les édifices qui portent le nom de *pagodes*
sont bâtis en forme de pyramide ou de clo-
cher, plus ou moins élevés, suivant le ca-
price des fondateurs. En hiver, on a soin de
couvrir les idoles pour les garantir du froid,
dans l'espérance d'être un jour récompensé
de cette attention. On célèbre chaque année
une fête qui porte le nom de *Sansaporan*,
avec une procession solennelle à l'honneur
de l'idole *Quiay-Pora*, qu'on promène dans
un grand chariot, suivi de quatre-vingt-
dix prêtres vêtus d'un satin jaune. Dans son
passage, les plus dévots s'étendent le long
du chemin pour laisser passer sur eux le
chariot qui la porte, ou se pique à des pointes de fer qu'on y attache exprès pour arro-
ser l'idole de leur sang. Ceux qui ont moins
de courage s'estiment heureux de recevoir
quelques gouttes de ce sang. Les pointes sont
retirées avec beaucoup de respect par les
prêtres, qui les conservent précieusement

dans les temples, comme autant de reliques sacrées.

Le roi d'Arakan est un des plus puissans princes de l'Orient. Le gouvernement est entre les mains de douze princes qui portent le titre de roi, et qui résident dans les villes capitales de chaque province; ils y habitent de magnifiques palais, qui ont été bâtis pour le roi même, et qui contiennent de grands sérails où l'on élève les jeunes filles qu'on destine au souverain. Chaque gouverneur choisit tous les ans douze filles nées la même année dans l'étendue de sa juridiction, et les fait élever aux dépens du roi jusqu'à l'âge de douze ans. Ensuite, étant conduites à la cour, on les fait revêtir d'une robe de coton, avec laquelle elles sont exposées à et l'ardeur du soleil jusqu'à ce que la sueur ait pénétré leurs robes. Le monarque, à qui l'on porte les robes, les sent l'une après l'autre, et retient pour son lit les filles dont la sueur n'a rien qui lui déplaise, dans l'opinion qu'elles sont d'une constitution plus saine, Il donne les autres aux officiers de sa cour;

Le roi d'Arakan prend des titres fastueux, comme tous les monarques voisins. Il se fait nommer *Paxda*, ou *empereur d'Arakan possesseur de l'éléphant blanc et des deux pendans d'oreilles, et en vertu de cette possession, héritier légitime du Pegou et de Brama, seigneur des douze provinces de Bengale et des douze rois qui mettent leur tête sous la plante de ses pieds.* Sa résidence ordinaire est dans la ville d'Arakan ; mais il emploie deux mois de l'été à faire par eau le voyage d'Oriétan, suivi de toute sa noblesse, dans des barques si belles et si commodes, qu'on prendrait ce cortége pour un palais ou pour une ville.

C'est à Daniel Sheldon qu'on doit aussi quelque éclaircissement sur un pays célèbre, mais dont l'intérieur est peu connu.

Il donne au Pégou pour bornes, au nord, les pays de Brama, de Siammon et de Calaminham ; à l'ouest, les montagnes de Pré, qui le séparent du royaume d'Arakan, et le golfe de Bengale, dont les côtes lui appartiennent depuis le cap de Nigraès jusqu'à la ville de Tavay ; à l'est, le pays de Laos ; au midi, le royaume de Siam : mais il ajoute que ces bornes ne sont pas si constantes, qu'elles ne changent souvent par des acquisitions ou des pertes. Vers la fin du siècle précédent, un de ses rois les étendit beaucoup ; il obligea jusqu'aux Siamois à payer un tribut : mais cette gloire dura peu, et ses successeurs ont été renfermés dans les possessions de leurs ancêtres.

Le pays est arrosé de plusieurs rivières, dont la principale sort du lac de Chiama, et ne parcourt pas moins de quatre ou cinq cents milles jusqu'à la mer : elle porte le nom de *Pégou*, comme le royaume qu'elle arrose. La fertilité qu'elle répand, et ses inondations régulières, l'ont fait nommer aussi *le Nil indien*. Ses débordemens s'étendent jusqu'à trente lieues de ses bords ; ils laissent sur la terre un limon si gras, que les pâturages y deviennent excellens, et que le riz y croît dans une prodigieuse abondance.

Les principales richesses du royaume sont les pierres précieuses, telles que les rubis, les topazes, les saphirs, les améthystes, qu'on y comprend sous le nom général de rubis, et qu'on ne distingue que par la couleur, en nommant un saphir, un rubis bleu ; une améthyste, un rubis violet ; une topaze, un rubis jaune. Cependant la pierre qui porte proprement le nom de rubis est une pierre transparente, d'un rouge éclatant, et qui, dans ses extrémités, ou près de sa surface, a quelque chose du violet de l'améthyse. Sheldon ajoute que les principaux endroits d'où les rubis se tirent sont une montagne voisine de Cabelan ou Cablan, entre Siriam et Pégou, et les montagnes qui s'étendent depuis le Pégou jusqu'au royaume de Camboge.

Les Pégouans sont plus corrompus dans leurs mœurs qu'aucun peuple des Indes. Leurs femmes semblent avoir renoncé à la modestie naturelle. Elles sont presque nues, ou du moins leur unique vêtement est à la ceinture, et consiste dans une étoffe si claire et si négligemment attachée, que souvent elle ne dérobe rien à la vue. Elles donnèrent pour excuse à Sheldon que cet usage leur venait d'une ancienne reine du pays, qui, pour empêcher que les hommes ne tombassent dans de plus grands désordres, avait ordonné que les femmes de la nation parussent toujours dans un état capable d'irriter leurs désirs.

Un Pégouan qui veut se marier est obligé d'acheter sa femme et de payer sa dot à ses parens. Si le dégoût succède au mariage, il est libre de la renvoyer dans sa famille. Les femmes ne jouissent pas moins de la liberté d'abandonner leurs maris, en leur restituant ce qu'ils ont donné pour les obtenir. Il est difficile aux étrangers qui séjournent dans le pays de résister à ces exemples de corruption. Les pères s'empressent de leur offrir leurs filles, et conviennent d'un prix qui se règle par la durée du commerce. Lorsqu'ils sont prêts à partir, les filles retournent à la maison paternelle et n'en ont pas moins de facilité à se procurer un mari. Si l'étranger, revenant dans le pays, trouve la fille qu'il avait louée au pouvoir d'un autre homme, il est libre de la redemander au mari, qui la lui rend pour le temps de son séjour, et qui la reprend à son départ.

Ils admettent deux principes comme les manichéens : l'un, auteur du bien ; l'autre, auteur du mal. Suivant cette doctrine, ils rendent à l'un et à l'autre un culte peu différent. C'est même au mauvais principe que leurs premières invocations s'adressent dans leurs maladies et dans les disgrâces qui leur arrivent. Ils lui font des vœux dont ils s'acquittent avec une fidélité scrupuleuse aussitôt qu'ils croient en avoir obtenu l'effet. Un prêtre, qui s'attribue la connaissance de ce qui peut être agréable à cet esprit, sert à diriger leur superstition. Ils commencent par un festin, qui est accompagné de danses et de musique ; ensuite quelques-uns courent le matin par les rues, portant du riz dans une main, et dans l'autre un flambeau. Ils crient de toute leur force qu'ils cherchent le mauvais esprit pour lui offrir sa nourriture, afin qu'il ne leur nuise point pendant le jour. D'autres jettent par-dessus leurs épaules quelques alimens qu'ils lui consacrent. La

15*

crainte qu'ils ont de son pouvoir est si continuelle et si vive, que, s'ils voient un homme masqué, ils prennent la fuite avec toutes les marques d'une extrême agitation, dans l'idée que c'est ce redoutable maître qui sort de l'enfer pour les tourmenter. Dans la ville de Tavay, l'usage des habitans est de remplir leurs maisons de vivres au commencement de l'année, et de les laisser exposés pendant trois mois, pour engager leur tyran, par le soin qu'ils prennent de le nourrir, à leur accorder du repos pendant le reste de l'année.

Quoique tous les prêtres du pays soient de cette secte, on y voit un ordre de religieux qui portent comme à Siam le nom de *talapoins*, et qui descendent apparemment des talapoins siamois. Ils sont respectés du peuple ; ils ne vivent que d'aumônes. La vénération qu'on a pour eux est portée si loin, qu'on se fait honneur de boire de l'eau dans laquelle ils ont lavé leurs mains ; ils marchent dans les rues avec beaucoup de gravité, vêtus de longues robes, qu'ils tiennent serrés par une ceinture de cuir large de qua-

tre doigts. A cette ceinture pend une bour-
se dans laquelle ils mettent les aumônes qu'ils
reçoivent. Leur habitation est au milieu des
bois, dans une sorte de cage qu'ils se font
construire au sommet des arbres ; mais cette
pratique n'est fondée que sur la crainte des
tigres, dont le royaume est rempli. A chaque nouvelle lune ils vont prêcher dans les
villes : ils y assemblent le peuple au son
d'une cloche ou d'un bassin. Leurs discours
roulent sur quelques préceptes de la loi naturelle, dont ils croient que l'observation
suffit pour mériter des récompenses dans
une autre vie, de quelque extravagance que
soient les opinions spéculatives auxquelles
on est attaché. Ces principes ont du moins
l'avantage de les rendre charitables pour les
étrangers, et de leur faire regarder sans cha-
grin la conversion de ceux qui embrassent
le christianisme. Quand ils meurent, leurs
funérailles se font aux dépens du peuple,
qui dresse un bûcher des bois les plus précieux pour brûler leurs corps. Leurs cendres
sont jetées dans la rivière ; mais leurs os de-

meurent enterrés au pied de l'arbre qu'ils ont habité pendant leur vie.

Le royaume de Boutan est d'une fort grande étendue ; mais on n'en connaît pas exactement les limites. Les caravanes qui s'y rendent chaque année de Patna partent vers la vers la fin du mois de décembre : elles arrivent le huitième jour à Garachepour, jusqu'au pied des hautes montagnes. Il reste encore huit ou neuf journées, pendant lesquelles on a beaucoup à souffrir dans un pays plein de forêts, où les éléphans sauvages sont en grand nombre. Les marchands, au lieu de reposer la nuit, sont obligés de faire la garde et de tirer sans cesse leurs mousquets pour éloigner ces redoutables animaux. Comme l'éléphant marche sans bruit, il surprend les caravanes ; et, quoiqu'il ne nuise point aux hommes, il emporte les vivres dont il peut se saisir, surtout les sacs de riz ou de farine, et les pots de beurre, dont on a toujours de grosses provisions.

On peut aller de Patna jusqu'au pied des montagnes dans des palekis, qui sont les

carrosses des Indes; mais on se sert ordinairement de bœufs, de chameaux et de chevaux du pays. Ces chevaux sont naturellement si petits, que les pieds d'un homme
qui les monte touchent presqu'à terre ; mais
ils sont très-vigoureux, et leur pas est une
espèce d'amble, qui leur fait faire vingt
lieues d'une seule traite, avec fort peu de
nourriture. Les meilleurs s'achètent jusqu'à
deux cents écus. Lorsqu'on entre dans les
montagnes, les passages deviennent si
étroits, qu'on est obligé de se réduire à cette
seule voiture, et souvent même on a recours
à d'autres expédiens. La vue d'une caravane
fait descendre de diverses habitations un
grand nombre de montagnards, dont la plupart sont des femmes et des filles qui viennent faire marché avec les négocians pour les
porter, eux, leurs marchandises et leurs provisions, entre des précipices qui se succè-
dent pendant neuf ou dix journées : elles ont
sur les deux épaules un gros bourlet auquel
est attaché un épais coussin qui leur pend
sur le dos, et qui sert comme de siége à
l'homme dont elles se chargent; elles sont

trois qui se relaient tour à tour pour chaque homme. Le bagage est transporté sur le dos des boucs, qui sont capables de porter jusqu'à cinquante livres. Ceux qui s'obstinent à mener des chevaux dans ces affreuses montagnes sont souvent obligés, dans les passages dangereux, de les faire guinder avec des cordes : on ne leur donne à manger que le matin et le soir. Les femmes qui portent les hommes ne gagnent que deux roupies dans l'espace de dix jours. On paie le même prix pour chaque bouc et pour chaque cheval.

FIN DU QUATORZIÈME VOLUME.

TABLE DES MATIÈRES.

SECONDE PARTIE. — ASIE.

LIVRE II.

CONTINENT DES INDES.

LIVRE III.

PARTIE ORIENTALE DES INDES.

FIN DE LA TABLE.

HISTOIRE NATURELLE

DE BUFFON,

60 VOLUMES IN-18,

ORNÉS DE 700 FIGURES,

à **15** sous le volume pour Paris,
et 18 sous pour les départemens.

IL PARAÎT, AVEC CHAQUE VOLUME, UN CAHIER
DE QUATRE PLANCHES,
LIVRÉ GRATIS AUX SOUSCRIPTEURS.

HISTOIRE

DE NAPOLÉON

ET DE

LA GRANDE ARMÉE.

8 VOLUMES IN-18,

ORNÉS DE GRAVURES ET PORTRAITS.

à **15** sous le volume pour Paris,
et 18 sous pour les départemens.

IMPRIMERIE DE CH. BEZAUCHE,
Faub. Montmartre, N°. 4.